CRISTINA CASTRELLÓN

Selena: su vida después de su muerte

punto de lectura

SELENA: SU VIDA DESPUÉS DE SU MUERTE
D.R. © Cristina Castrellón, 2010

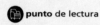 **punto** de lectura

De esta edición:

D.R. © Santillana Ediciones Generales, SA de CV
Universidad 767, colonia del Valle
CP 03100, México, D.F.
Teléfono: 54-20-75-30
www.puntodelectura.com.mx

Primera edición en Punto de Lectura (formato MAXI): febrero de 2010

ISBN: 978-607-11-0416-8

Diseño de cubierta: Ana Paula Dávila
Formación de interiores: Oscar Levi

Impreso en México

Todos los derechos reservados. Esta publicación no puede ser reproducida total ni parcialmente, ni registrada o transmitida por un sistema de recuperación de información o cualquier otro medio, sea éste electrónico, mecánico, fotoquímico, magnético, electróptico, por fotocopia o cualquier otro, sin permiso por escrito previo de la editorial y los titulares de los derechos.

CRISTINA CASTRELLÓN

Selena: su vida después de su muerte

Prólogo

La muerte es un estado que separa al cuerpo físico de la realización animada de cualquier actividad en el plano terrenal. Quienes pierden un ser querido tratan de diversas maneras de justificar esa ausencia o de llenarla de silencios, recuerdos, o bien, hay personas que al no aceptar el hecho frente a la pérdida viven con culpa, resentimiento o rencor. Es un tema tan estudiado, debatido y discutido del que casi se podría concluir que no queda más que decir, pero si hay algo en relación con la muerte que crea ascuas en la cabeza de quienes padecen el deceso de un ser querido es el saber si hay vida después de la muerte, o bien, si el espíritu de quien ya no ocupa este plano puede comunicarse para dar algún mensaje, dejar claro un tema o dar a conocer si tenía alguna cuenta pendiente.

Mi trabajo me ha hecho conocer en abundancia el tema de la muerte, y escribir este prólogo me muestra que no bastan muchos años de dedicarse a hacer lo mismo (en este caso contacto con aquellos que ya no viven), siempre hay algo nuevo bajo el sol.

Cristina Castrellón, la autora de este libro, es mi representante y antes de que nos conociéramos ella era escéptica en cuestión de temas esotéricos. Con el paso del tiempo descubrí que siempre que estaba con ella el espíritu de una mujer joven nos acompañaba. Pensé que era uno de los espíritus que siempre yo veía, sin embargo, me di cuenta de lo contrario cuando el espíritu de esta joven me dio un mensaje para Cristina… Me llevé una gran sorpresa al saber que se trataba de Selena, sí, aquella joven cantante tex-mex de quien recuerdo que era más que exitosa, sonaba mucho en la radio y en programas de ese entonces, como el desaparecido "Siempre en Domingo". Después del primer mensaje no pararon de venir los subsecuentes y aunque había cosas que solo a Cristina le hacían sentido, yo seguía transmitiéndole todo tal cual ella me decía.

Después de varios meses surgió este libro que para Cristina ha representado un antes y un después, nunca había visto yo a una persona trabajar, escribir y dedicar con tal cariño y cuidado cada párrafo, durante días y noches. Tal parecería que Cristina tuviera una encomienda que dar a conocer al mundo sobre la verdadera historia del día de la muerte de Selena, así como el hecho de que los fans pudieran tener un resquicio donde guarecerse de tanto silencio a casi quince años de haber perdido a un icono de la música latina que hasta hoy día ha sido el parteaguas para que muchos otros sigan su ejemplo.

Cristina hace un recorrido por la vida de Selena, aquella que no conocimos, la niña traviesa, la mujer enamorada, la hija respetuosa y amorosa, la artista completa que se entregaba hasta el último minuto a sus seguidores, la amiga que hasta después de su muerte buscó la manera de decirle a Cristina que no se había olvidado de ella y quería darle lo que ella en vida nunca pudo, un trabajo seguro de calidad, con armonía y sobre todo depositándole toda su confianza; creo sin lugar a dudas que esto último, mediante este libro, ya sucedió.

Este libro permitirá que los fans de Selena conozcan más de ella, de su gran sentido del humor, de su talento y sobre todo de su gran calidad humana, pues a casi quince años de haber partido, ella siguió pendiente de su familia, de sus fans y hasta de quien le diera la muerte. Estoy segura de que al empezar con la primera página será un reto el dejar de leer para continuar después, dado que la atención del lector es atrapada de inmediato, como me sucedió a mí.

La muerte no es más que un cambio de vida en un plano diferente al que muchos sólo habremos de acceder cuando estemos llenos de amor para seguir evolucionando en un mejor lugar como lo hace hoy Selena.

Georgette Rivera

Introducción

Sólo hasta que la tuve frente a mí pude empezar a entender que era verdad. Lucía tan apacible, tan serena, tan ajena a todo lo que sucedía a su alrededor. Por un instante no existió nada más y sólo me dediqué a mirarla detenidamente. Sabía que era la última vez que la vería y quería grabar su imagen en mi memoria, aunque en ese momento mi corazón desfallecía de dolor…

Lloré como nunca lo había hecho; jamás imaginé que mi naturaleza humana pudiera permitir tanto dolor.

En medio de ese sufrimiento agradecí a Dios por haberme dado la oportunidad de conocer a una persona tan especial y compartir tantos momentos con ella, probablemente uno de los ángeles enviados por él para hacernos menos difícil la vida y más fácil el recorrido por el camino que nos lleva a comprender que las palabras amor *y* bondad *no son mitos.*

Por momentos la mente trata de entender al corazón. Parece increíble cómo todo lo que hasta ese momento conoces de ti se vuelve tan vulnerable cada vez que los recuerdos aparecen una y otra vez.

Los días pasan y sigues tratando de entender porqué ese dolor no desaparece cuando se supone que el tiempo todo lo cura… Al parecer, en este caso la regla no aplica.

Un día, al sentirme más tranquila, me pregunté por qué me pasaba eso a mí, qué me había llevado hasta ahí. Si no la hubiese conocido yo no estaría sintiendo ese dolor tan profundo que brotaba de manera inesperada. De inmediato deseché ese pensamiento. ¿Cómo me atrevía a pensar eso? Valía la pena tanto dolor sólo por la dicha de haberla conocido durante casi tres años. Creo que hasta ese momento comprendí lo afortunada que era, y lo afortunada que sigo siendo.

I
A la conquista de México

A fines de marzo de 1992, me llamaron de Representaciones Artísticas Apodaca para comentarme que el señor Óscar Flores, director general de la compañía, quería platicar conmigo. Nunca imaginé que una llamada aparentemente tan simple me fuera a cambiar la vida de manera tan radical.

Al día siguiente acudí a la oficina del señor Flores, quien me ofreció el puesto de jefa de prensa en su compañía. De entrada, le agradecí la invitación, pero rechacé su ofrecimiento. En ese tiempo yo me desempeñaba como reportera de espectáculos de un periódico de Monterrey y el giro de la empresa del señor Flores era representar grupos musicales del llamado género "grupero". Ése no era mi fuerte. Él volvió a la carga y me habló de las bondades de trabajar en Representaciones Artísticas Apodaca.

Sentí pena, pero volví a rechazar la oferta. Al darse cuenta de que mi respuesta no cambiaría, me dijo: "Bueno, no me diga que no, váyase, piénselo muy bien, y hábleme en dos días. Si su respuesta sigue siendo la misma, ya no le voy a insistir". Salí de ahí segura de que no regresaría…

Al día siguiente, fui a la oficina de mi jefe en el periódico y le comenté sobre la oferta de trabajo. Tras pensarlo un momento, me dijo: "Creo que deberías pensarlo mejor. No quiero que te vayas, pero es una buena oportunidad para ti. Mira, por qué no hacemos esto: acepta ese trabajo, prueba unos dos meses y si no te gusta regresas; aquí tienes las puertas abiertas y tu trabajo seguro".

Me sorprendió mucho su respuesta, dictada por la buena fe. Decidí probar, así que entré en Representaciones Artísticas Apodaca el jueves 2 de abril de 1992. Ese día había mucha agitación, ya que estaba por llevarse a cabo lo que los medios de comunicación bautizaron como el "duelo" entre los grupos más importantes de la época: Bronco y Los Tigres del Norte.

Bronco actuaría en la inauguración de la explanada del Parque Fundidora y Los Tigres del Norte en la ya conocida Expo Guadalupe, ambos lugares con capacidad para más de 50 mil personas.

El movimiento de medios de comunicación era tremendo, el evento no tenía precedente, poco a poco empezaron a llegar a Monterrey periodistas, conductores de televisión, locutores y programadores de radio de varias partes de la República Mexicana y Estados Unidos.

Yo nunca había estado en un baile grupero, no tenía ni la más mínima idea de cómo se desarrollaba, casi no conocía a los grupos que actuarían. De Bronco sólo sabía que era un grupo muy importante y conocía la de "Sergio el Bailador" porque era una canción clásica de las fiestas.

Nunca voy a olvidar mi primera impresión cuando anunciaron a Bronco. Quedé impactada ante el griterío ensordecedor de aquella multitud que cantaba todas las canciones. Esa misma noche actuaba Juan Gabriel en Cintermex, justo al lado de la explanada del Parque Fundidora. Al terminar su actuación, se trasladó hasta ahí, junto con el licenciado Sócrates Rizzo, gobernador de Nuevo León en aquel tiempo, entregaron a Bronco la presea "Cerro de La Silla", que los reconocía como el grupo más taquillero de 1991. Juan Gabriel no dijo ni una sola palabra, se limitó a entregar el reconocimiento y sonreír. Se retiró de inmediato.

El lunes, en la oficina, se respiraba cierto malestar porque el periódico *El Norte* publicó que Los Tigres del Norte era el grupo ganador. Según el conteo del periódico, ellos habían reunido más gente que Bronco, por una diferencia de varios miles.

Después de un rato las cosas se tranquilizaron y empecé a ponerme al tanto con las cuestiones de la oficina y con el elenco que representaba la compañía, entre los que se encontraban, además de Bronco, grupos como Los Mier y Los Barón de Apodaca.

En esos días me hicieron llegar unos casetes de dos artistas de música tejana para que los escuchara, ya que empezaríamos a trabajar con ellos en poco tiempo. Uno era de Emilio Navaira y su Grupo Río, el otro de Selena y los Dinos.

Me encantó el estilo puramente tejano de Emilio, totalmente nuevo para mí, y la cumbia tan rítmica de Selena, que tenía algo diferente, en ese momento no sabía qué era, pero era algo distinto.

Al poco tiempo tuve mi primer viaje con Bronco, a la ciudad de Chicago. Yo debía reunirme antes, en el aeropuerto de la Ciudad de México, con varios reporteros que nos acompañarían para cubrir la presentación. Al llegar a la sala de espera vi a Gloria Trevi, apartada de la gente, muy callada y retraída, nada que ver con lo que conocíamos de ella en el escenario. Resulta que volaba en el mismo avión y también actuaría en el mismo evento. Me extrañó la mezcla de géneros, pero así se hacían las cosas en Estados Unidos. Gloria estaba en su mejor momento y el concierto fue todo un éxito.

Regresamos a Monterrey y casi de inmediato fuimos a Las Vegas para la cuarta entrega de premios Lo Nuestro. Bronco era de los artistas más nominados, así que la expectativa era muy grande y el señor Flores estaba muy entusiasmado. En los dos años anteriores el grupo había ganado varios premios en las categorías más importantes, pero esta vez poco nos duró el gusto. El grupo no ganó ni un solo premio, salimos bastante decepcionados y sin ánimo de ir a la fiesta después de la premiación. El señor Flores dijo que, aunque nuestro grupos estuvieran nominados, el año siguiente ya no regresaríamos, así que todos nos fuimos al casino y al bar del hotel.

Al regresar empezamos a trabajar con los grupos que vendrían próximamente a Monterrey, el primero de ellos era Emilio Navaira, con quien la compañía disquera EMI Capitol había hecho un buen plan de promoción, pues el tema "Cómo le haré" entró muy fuerte en la radio. A principios de junio, llegaron Selena y Los Dinos para realizar su plan de promoción, también organizado por EMI Capitol. La disquera tenía grandes expectativas con ambos grupos.

Cuando Selena y Los Dinos llegaron a Monterrey, Lidia Salazar, quien era su label manager en EMI Capitol y quien tendría a su cargo el desarrollo del grupo en México con el apoyo de Representaciones Apodaca, los llevó a la oficina para que los conociéramos. Todos estaban sentados en la recepción, y la primera impresión que guardo de Selena es esa bella y carismática sonrisa con la que conquistó a millones de personas.

Lidia nos invitó a comer con el grupo y, ya en el restaurante, Selena y yo nos sentamos juntas. El único que hablaba bien español era Pete Astudillo; Ricky Vela y Joe Ojeda lo hablaban aunque no tanto como Pete; por su parte AB y Suzette, los hermanos de Selena, hablaban lo suficiente como para mantener una conversación. Selena lo hablaba muy poquito y Chris Pérez, su esposo, casi nada.

Apenas nos acabábamos de conocer y Selena se sintió en confianza: me hizo la primera de muchas bromas. Nos sirvieron el postre, yo estaba distraída platicando con otro de los muchachos y ella aprovechó para esconder mi pastel detrás de un servilletero. De pronto me dijo "mira —señalando al mesero—, él tiene tu pastel". "¿Por qué?", le pregunté. "No sé, él lo tiene." Iba a llamar al mesero para reclamarle, cuando otra persona de la disquera que se había dado cuenta me mostró dónde estaba escondido mi pastel y todos reímos. Había que empezar a cuidarse.

Esa ocasión Selena me contó que Chris y ella se habían casado dos meses atrás. Su comentario me sorprendió, no imaginaba que estuviera casada, era muy joven. El día de su boda apenas tenía veinte años.

Ya por la tarde tuvieron su primer conferencia de prensa en un salón del hotel. Apenas fueron unos tres o cuatro reporteros y un fotógrafo; justo antes de la conferencia se llevó a cabo otra rueda de prensa con un grupo de música norteña, pero la mayoría de los reporteros se fueron. No les interesó porque no conocían aún a Selena y los Dinos. Los muchachos no se inmutaron y ofrecieron su primer conferencia de prensa en México ante muy escasa concurrencia.

La disquera aprovechó la estancia de Selena en la ciudad para grabar el videoclip del tema "La carcacha", su primer sencillo en el país, que pronto se convirtió en uno de sus más grandes éxitos.

A partir de esa fecha, las visitas de Selena a Monterrey fueron cada vez más frecuentes y el éxito de "La carcacha" la trajo de regreso muy pronto para participar en el Festival "Viva la Radio", uno de los eventos más importantes. La respuesta de la gente fue bastante buena para una artista que estaba empezando.

Viajamos por algunas ciudades de Texas y sus presentaciones también eran cada vez más exitosas. La carrera de Selena y los Dinos avanzaba muy rápido. Cuando salió a la radio el tema "Como la flor", su segundo sencillo, se convirtió en su primer éxito a nivel nacional y reforzó mucho lo obtenido con "La carcacha".

En cuanto empezó a escucharse más la música de Selena, se presentó una confusión con la pronunciación de su nombre. Los medios de comunicación y fans de Monterrey sabían que su nombre se pronunciaba *Selina*, pero en otras partes le llamaron tal y como su nombre se escribe, *Selena*. Esto se debía a que las palabras en español suelen pronunciarse como se escriben. En alguna ocasión me preguntó el porqué la llamaban "Selena"; le dije que no tenia idea cómo se había originado eso y hasta bromeamos un poco con nombres como "George", "Pete" o "John", en el sentido de cómo se escucharían en México, si se pronunciaran como se escriben.

Al principio a Selena le parecía extraño que la llamaran así, pero no le molestaba. Siempre que se presentaba la oportunidad o alguien le preguntaba sobre esa confusión en la pronunciación de su nombre, ella recalcaba que lo correcto era *Selina*.

En septiembre de 1992 regresó a Monterrey para participar por primera vez en el programa de televisión "Siempre en Domingo" que se grabaría en la Plaza de Toros. Días antes había platicado con ella por teléfono sobre eso y realmente estaba muy emocionada. Me contó que su abuelita le dijo que el día que ella cantara en el programa de Raúl Velasco, eso significaba que ya era una artista importante. Realmente ése era un momento muy especial para ella.

Selena abrió el evento cantando sus dos éxitos ya conocidos, "La carcacha" y "Como la flor". Con eso tuvo para echarse al público a la bolsa. El programa estuvo de primera, actuaron puros figurones: Gloria Trevi, que fue la locura, Thalía, Paulina Rubio, Timbiriche, Arjona, Tatiana, Ricardo Montaner, John Secada... Bronco —que, por cierto, fue el único grupo en cantar en vivo— cerró ante un público eufórico.

Para que Selena empezara a foguearse en los bailes de nuestro país, el señor Flores organizó algunas presentaciones por varias ciudades cercanas a Monterrey. La respuesta del público fue bastante buena, ya para ese tiempo las cosas pintaban muy bien. Cinco meses después de su primera presentación en México, ya era un exitazo, por eso fue incluida en el elenco para el concierto masivo que Bronco realizaría en la explanada del Parque Fundidora.

La noche del baile, Selena estaba muy impresionada al ver a tanta gente reunida. En Estados Unidos, lo más que juntaba era unas mil personas, mientras que en este sitio se encontraban unas 50 mil… En el concierto pasó algo inesperado.

El baile tenía un buen rato de haber empezado, la explanada del Parque Fundidora estaba llena, apenas si se podía caminar entre tanta gente. Estaba actuando el grupo que iba antes de Selena y yo fui al escenario de ella para platicar un rato, ella estaba un poco ansiosa porque era su primera vez en un masivo tan grande.

Empezamos a escuchar que la gente gritaba muy fuerte su nombre. "¿Ya escuchaste? —preguntó—. Están gritando mi nombre." "Sí —le dije—, ya quieren que salgas a cantar." Se quedó muy callada, atenta, y muy concentrada escuchaba cómo la gente no paraba de gritar su nombre. De pronto oímos que golpeaban en las ventanillas polarizadas del autobús que servía de camerino. Abrí un poco una de las cortinillas para ver qué pasaba: eran varias muchachas arriba de los hombros de unos chavos que le gritaban a Selena que bajara, golpeaban con sus manos muy fuerte en los cristales y acercaban sus caras intentando ver. Nos sorprendimos al ver cómo una gran cantidad de personas empezó a rodear el autobús, había muchísima gente atrás del escenario corriendo de un lado para otro, el público se había pasado al *backstage*. En un instante el lugar estaba lleno de fans y no había ni un elemento de seguridad; sólo veíamos al escolta de Estados Unidos que don Abraham, el padre de Selena, había contratado para el viaje.

Estábamos sorprendidas con lo que estaba sucediendo cuando vimos que, precisamente, el guarura agarró a un fan y le dio un golpe muy fuerte que lo dejó tirado en el piso casi inconsciente. Selena se asustó mucho y se encaminó desesperada a la puerta para bajarse del autobús. No se lo permití y tuve que insistirle para que se quedara, la situación ya estaba fuera de control y no sabíamos que podía pasar.

Bajé rápidamente y con todas mis fuerzas empujé al de seguridad, gritándole que no maltratara a la gente y pidiéndole que se retirara. Luego le pedí a otro fan que avisara a los paramédicos para que atendieran al chico que había sido golpeado.

Por radio di aviso para que enviaran personal de seguridad. La gente ya había rodeado totalmente el autobús y lo seguían golpeando para que Selena bajara, yo no podía ni acercarme a la puerta. Cuando despejaron la zona subí nuevamente al autobús. Selena estaba muy asustada y preocupada por el muchacho golpeado. Le reclamó muy severa al escolta, y fue tranquilizándose al saber que estaban atendiendo al joven.

Pero las cosas sólo se calmaron un momento... Llegaron a avisarme que la gente seguía desesperada y estaban lanzando latas de cerveza al escenario. Los técnicos estaban preocupados porque se podía dañar el equipo de audio e iluminación. Para ese momento ya estaban dos reporteras que se habían dado cuenta de lo ocurrido y también mostraron su preocupación. Aún faltaban como veinte minutos para que terminara de tocar el otro grupo, sin embargo, en esas circunstancias era bastante tiempo.

Hablé con uno de mis compañeros de Representaciones Apodaca que estaba en el escenario, le expliqué la situación y le dije que era necesario que Selena empezara cuanto antes. A pesar de que le advertí que era peligroso que las cosas se salieran de control, me respondió que debíamos esperar a que concluyera el tiempo del otro grupo.

La gente ya estaba a punto de derribar nuevamente las barreras de contención, lo cual era muy riesgoso porque el resto de Los Dinos ya estaban en el *backstage* preparándose. Pensé que si la gente veía movimiento se tranquilizaría, así que le pedí a varios técnicos que subieran al escenario. Dio resultado y el público eufórico empezó a corear nuevamente el nombre de Selena.

Sin embargo, en cuanto se dieron cuenta de que todavía no era el momento, les lanzaron latas de cerveza gritándoles que ya querían ver a Selena. Bajaron corriendo, muy preocupados. Faltaban minutos que parecían eternos y las barreras de contención amenazaban, una vez más, con ser derribadas.

Era necesario buscar una solución rápida. Se me ocurrió que si la propia Selena le hablaba al público las cosas se tranquilizarían. Subí al autobús para explicarle lo que estaba sucediendo y ella estuvo de acuerdo. Pedí un micrófono para Selena, que ya estaba resguardada cerca de la escalera.

Por los nervios no le salían las palabras, me dijo que no sabía qué decir. En cuanto dio las buenas noches y se dieron cuenta que era ella quien hablaba se desató la locura. Dejaron de arrojar cosas al escenario y nos alegramos todos, pero cuando pidió que esperaran a que el otro grupo terminara su actuación, la respuesta fue negativa y volvió la lluvia de latas…

Totalmente decidida, me dijo: "voy a subir ya", entendí que lo iba a hacer aunque yo le dijera que no. Le pedimos a los muchachos que subieran primero para hacer un poco de tiempo y, aunque también estaban medio asustados, agarraron valor y poco a poco tomaron sus lugares en el escenario, en cuanto el público se dio cuenta de que sí eran los integrantes del grupo pararon de aventar latas y empezó nuevamente la euforia.

Abrieron cantando "Como la flor" y apenas sonó el primer acorde el griterío no se hizo esperar. Cuando subió Selena estalló la locura, la gente empezó a cantar junto con ella y a disfrutar del show… Yo pensaba en el regaño que me iba a llevar porque no respetamos el tiempo del otro grupo, pero eso no era nada comparado con lo que hubiera podido suceder si seguíamos esperando.

Creíamos que ya todo estaba bien, mas no imaginábamos la desagradable sorpresa que nos esperaba.

Apenas había transcurrido media canción, cuando de repente pasó junto a mí Jesús Soltero, el conductor del programa "Órale Primo" que se transmitía en ese tiempo en Televisa Monterrey. Entró al escenario como alma que lleva el diablo, fue directamente hacia Selena y le arrebató el micrófono, interrumpiendo la canción. La rechifla no se hizo esperar, todos estábamos desconcertados, no sabíamos qué pasaba. Selena volteó a verme desesperada, como diciendo ¿y ahora qué? Soltero empezó a gritarle al público que debían tener respeto y que eran unos maricones. Al escuchar esto, entré rápido al escenario para sacar a Selena de ahí, yo sabía lo que iba a pasar y, por supuesto, empezaron a arrojar cosas al escenario de nuevo. Grité a los muchachos para que se agacharan mientras ella y yo nos protegíamos detrás de las cajas donde se guarda el equipo.

Selena estaba muy enojada, me preguntaba que por qué Soltero había hecho eso, por qué le había quitado el micrófono, pero yo tampoco entendía nada. De hecho, él seguía gritándole al público, poniéndose al tú por tú, y seguramente eso no iba a terminar muy bien. Por fortuna aparecieron el señor Flores y don Abraham —que no sé dónde se habían metido—. Realmente quien calmó todo fue don Abraham, la gente no iba aventarle latas de cerveza al papá de Selena.

Una vez controlada la situación, salimos todos de nuestros escondites, todavía con el Jesús en la boca; cada quien tomó su lugar y empezaron a tocar de nuevo "Como la flor". La gente volvió a sentirse eufórica, como si nada hubiera sucedido.

Esa reacción desesperada del público por ver a Selena fue impresionante y nos dimos cuenta que ya estaba lista para encabezar eventos masivos, al menos en esta zona del país.

El lunes que llegué a la oficina tomé inmediatamente los periódicos para leer las reseñas. Me sorprendió sobremanera lo que leí en el periódico *El Norte*. La nota sobre la actuación de Bronco era muy buena. Habían dedicado un espacio a lo que pasó en el escenario de Selena y Los Dinos, pero lo que decían estaba muy alejado de la realidad.

El reportero escribió que le habían lanzado latas de cerveza a Selena durante su actuación, y daba a entender que el público no la quería ver; y también escribió que fue Jesús Soltero quien calmó los ánimos para que ya no siguieran agrediendo al grupo. Ambas cosas eran justo lo contrario de lo que había pasado en verdad.

Yo no salía de mi asombro ante lo que estaba leyendo, me preguntaba dónde andaría el reportero de *El Norte* cuando sucedieron las cosas, pero era evidente que en el escenario de Selena no. Hice memoria y recordé que en ningún momento lo vi por ahí; tal vez llegó con Jesús Soltero. Afortunadamente las reporteras que estaban desde temprano habían visto todo desde el principio y así lo escribieron.

Hablé con una de las editoras de espectáculos de *El Norte* para explicarle cómo sucedieron las cosas, tratando de hacerle ver que habían cometido un error en lo que publicaron; le pedí que leyera las reseñas de los otros periódicos para que se diera cuenta. Sin detenerse a pensarlo me dijo de manera tajante que así lo había escrito su reportero y que no había más qué hacer, o sea, se fregó el asunto; ni siquiera iban a hacer el más mínimo intento por averiguar como estuvieron las cosas. Me sentí impotente, se estaba cometiendo un error y todo por un reportero que no tuvo la capacidad para hacer bien su trabajo.

Por su parte, Jesús Soltero ha declarado innumerables veces que al principio los regiomontanos no querían a Selena, que en su primer baile masivo el público la recibió con latas de cerveza y que fue él quien calmó la situación. Respalda sus comentarios con lo que escribió *El Norte*. Tal vez está convencido de que así sucedieron las cosas, afortunadamente para Selena y los Dinos, el tiempo se encargó de demostrar lo contrario.

II
Nace la amistad

El año 1992 fue muy importante para la música grupera y en especial para Bronco que ya eran considerados los más populares en su género, además de que ya habían filmado una película y se publicaba su revista de historietas; en cualquier parte que se presentaban lograban llenos impresionantes y a pesar de que pertenecían al pueblo, la gente de dinero empezó a escucharlos, a comprar sus discos y asistir a sus bailes.

En la radio se dio un fenómeno muy importante. Varias estaciones pop o de balada cambiaron su perfil para tocar la música grupera, y era tal el auge que hasta algunos cantantes baladistas o de pop querían cantar grupero, no porque les gustara, sino porque sabían que era lo que estaba funcionando, y ahí estaba el dinero.

Además de Bronco, grupos como Los Mier, Los Bukis, Los Temerarios, y Los Tigres del Norte dominaban el panorama de la ventas de discos, cada año vendían dos o tres millones de copias. Las compañías disqueras estaban más que felices.

A Emilio Navaira se le bautizó como "El Rey del Rodeo", pues rodeo donde se presentaba, rodeo que llenaba a reventar, y a Selena como "La Reina del Tex-Mex", título que le acomodaba muy bien porque, además de la popularidad que estaba logrando, siempre arrasaba en la premiación de los Tejano Music Awards, que se realizaban en San Antonio, Texas.

El año terminó bastante bien para Selena, pues además de todo lo cosechado en México en tan poco tiempo, ya estaba logrando colarse entre las grandes agrupaciones y, a la par, realizaba exitosas presentaciones en Estados Unidos.

El año siguiente, 1993, pintaba para ser un año con grandes expectativas. Al regresar de las vacaciones de Navidad, Selena me llamó para preguntarme si asistiríamos a un evento en San Antonio, Texas, a realizarse en enero, antes de los Tejano Music Awards. Le confirmé que iríamos y me pidió que me quedara un día más para asistir a una fiesta que le estaban organizando los clubes de fans de la ciudad.

Además, quería saber la dirección de Representaciones Apodaca porque le había pedido a Yolanda Saldívar, la presidenta de sus clubes de fans, que me enviara una invitación.

Al llegar, Selena nos presentó con Yolanda Saldívar, platicamos un momento con ella y muy atenta nos llevó a una mesa para instalarnos; nos ofreció margaritas para beber, y nos aclaró que eran gratis.

La fiesta estuvo muy animada, a nuestra mesa iban y venían los muchachos del grupo al igual que Selena e incluso gente que no conocíamos se acercaba a platicar con nosotros al saber que viajábamos desde Monterrey.

Más tarde llegó Emilio Navaira con su esposa y se integraron a la fiesta.

Esa noche, AB, el hermano de Selena, me comentó que acababa de componer una canción a la que le había puesto el nombre de "La techno cumbia", fusionando ritmos tecnos con cumbia, y había quedado muy padre la combinación, seguramente iba a ser un éxito, estaba muy contento.

Selena, por su parte, me platicaba que ya había conseguido a una señora que le ayudaría a confeccionar sus nuevos *bustiers*; ella siempre los hacía, pero ahora estaba diseñando modelos más elaborados que requerían más tiempo. En eso estábamos cuando se le ocurrió pedir tequilas para todos los de la mesa. Estaba feliz y quería brindar. Después del primer brindis, le dije que el segundo sería a la mexicana, ahí aprendió el ritual del "arriba, abajo, al centro y pa' dentro", que le encantó e hizo en varias ocasiones. Con el alboroto, empezó a llegar más gente, y hubo un momento en que éramos un montón haciendo el "arriba, abajo, al centro y pa' dentro". La pasamos bastante bien hasta la madrugada.

Ya de regreso en Monterrey hablamos en dos o tres ocasiones por teléfono antes de volver a vernos. Selena iba a grabar su primer disco en vivo unos días después, el domingo 7 de febrero, en Corpus Christi, donde radicaba. La llamé para comentarle que asistiríamos al concierto y me pidió que me quedara a dormir en su casa; le dije que estaba bien, pero realmente no lo tomé en serio, creí que era sólo una cortesía de su parte.

Ya en Corpus Christi, el señor Flores y yo quedamos en reunirnos con la gente de la compañía disquera en el hotel donde nos hospedaríamos para trasladarnos juntos al evento. Cuando llegamos al Coliseo Memorial, el show recién estaba empezando. Yo me dirigí al área de las consolas para tomar algunas fotografías.

Esa noche comprobamos que Selena sí era profeta en su tierra, el evento fue un exitazo y se grabó su primer disco en vivo que se llamó *Selena Live*, con el que después ganaría su primer Grammy.

Al terminar el concierto fuimos a los camerinos para ver al grupo, pero ya se habían ido casi todos. Decidimos salir a cenar y regresamos al hotel pasada la medianoche. Nos despedíamos en el pasillo cuando me dijeron que me buscaban por el teléfono. Era Selena, que había mandado a una persona a buscarme en el evento pero no me pudieron encontrar, pues ella tuvo que salir muy rápido. Volvió a invitarme a dormir en su casa y me dijo que la esperara en el lobby, pues pasaría a recogerme.

Llamé al señor Flores a su habitación para comentarle que me iba a casa de Selena, y me dijo sorprendido: "Cristy, Selena es una persona casada". Me causó gracia su comentario y estuve a punto de decirle "pues le aseguro que no vamos a dormir los tres juntos", pero sólo le dije que Selena ya estaba en camino para recogerme.

Cuando Selena llegó, como a los quince minutos, me llamó la atención que estuviera sola. Era como la una de la madrugada, y se me hizo raro que Chris no la acompañara, pero en su auto, un Porsche rojo, sólo había lugar para dos personas.

En el trayecto a su casa íbamos tan concentradas en la plática que hubo un momento en que nos quedamos un buen rato detenidas en un semáforo, varias veces cambió a verde y nosotras seguíamos platicando, sin darnos cuenta, hasta que una patrulla se detuvo atrás de nosotras y prendió la sirena. "Ya valimos", le dije, y ella muy segura me respondió: "no te preocupes, no pasa nada". Efectivamente, el oficial no se bajó, sólo era un aviso para que avanzáramos.

Seguimos nuestro camino por las calles solitarias, Selena me platicaba de Corpus Christi, me decía que además de lo mucho que le gustaba, Corpus era una ciudad muy segura y tranquila. Le comenté que por su carrera probablemente algún día tendría que mudarse a una ciudad más grande, como Nueva York o Los Ángeles, pero su respuesta fue que no lo haría, las ciudades grandes la ponían nerviosa.

Llegamos a su casa y ahí estaba Chris, esperándonos, muy sonriente. Me abrazó y llevamos mi maleta a la que Selena dijo que sería mi recámara por esa noche y para cuando radicara en Corpus Christi. Yo respondí que no, que sólo por esa noche, le aclaré que el casado casa quiere, esto le causó mucha gracia.

Después me mostró su casa y aclaró que era de su papá. Era chica, además de la cocina y la sala, tenía tres habitaciones, la de Selena era la más grande, las otras dos realmente eran muy pequeñas, una era donde yo dormiría y la otra estaba acondicionada como taller; ahí era donde arreglaba los vestuarios del show y donde Chris guardaba sus guitarras.

Nos fuimos a platicar a la sala. Selena sacó unas bebidas y algo de botana y nos dijo que ella iba a ser la traductora pues Chris hablaba muy poco español. Para ese entonces Selena ya hablaba bastante español en comparación con la primera vez que fue a Monterrey.

Chris estuvo con nosotras como una hora y media y se fue a dormir. Nosotras le seguimos como hasta las cinco y media, el tiempo se nos fue como agua platicando de muchas cosas, a Selena le llamaba mucho la atención todo lo que tenía que ver con México, para ella el ir tan seguido a Monterrey fue como descubrir un nuevo mundo, quería saber todo, conocer todo, e incluso me dijo que estaba pensando en comprar una casa para pasar algunas temporadas. Yo le decía que mejor la comprara en Cancún o en Acapulco, pero no la convencí, tenía que ser en Monterrey porque le gustaba mucho la ciudad.

Esa noche hablamos sobre las bebidas mexicanas. Le conté que el tequila era la más representativa de México a nivel internacional, y que incluso había una combinación a la que llamábamos "banderita", que consistía en tres vasitos de los que llamamos "tequileros", cada uno con uno de los colores de nuestra bandera: el verde era de jugo de limón, el blanco era de tequila y el rojo era de sangrita. "La quiero probar —me dijo—, la próxima vez que vaya a Monterrey me llevas a tomar una banderita."

También platicamos sobre sus planes de crear su marca de ropa con sus propios diseños. Me dijo que anteriormente había intentado hacer algo junto con una de sus primas pero no había funcionado, así que quería volver a intentarlo. De hecho, Selena era quien se encargaba de diseñar los vestuarios del grupo, aunque un día me enseñó un vestuario para show tipo *animal print*, con un estampado que simulaba la piel de una vaca, y me preguntó si me gustaba. La expresión de mi cara fue más que suficiente para que comprendiera que mi respuesta era "No", me contó que los muchachos no se lo querían poner e incluso le habían ofrecido pagarle para no tener que usarlos; le dije que yo hubiera hecho lo mismo y lo tomó con su característico buen sentido del humor.

La plática abarcó diversos temas y hubo un momento en el que entramos al terreno de las cosas más personales. Me llamó mucho la atención cuando me dijo que no tenía amigas, sólo muchas conocidas, y sabía que la apreciaban mucho, pero le quedaba claro que se acercaban a ella sólo porque era cantante; no era gente en quien pudiera confiar sus cosas personales. También dijo que su mejor y único amigo era Chris, su esposo, con él se sentía muy bien hablando sobre todas sus cosas y él hacía lo mismo con ella.

Le hice saber que me parecía increíble lo que me acababa de comentar, con un carácter tan bonito como el suyo debería de tener amigas por montones. Me aclaró que no había podido hacer amistades de verdad porque estaba en la música desde chiquita y no llevaba una vida como las otras niñas, sus estudios elementales los había terminado por correspondencia. Sus amigos eran su familia, sus primas y los muchachos del grupo, a quienes quería mucho.

Esa noche me volvió a pedir que me fuera a vivir a Corpus para trabajar con ella, yo le dije que me latía la idea, pero todavía no me sentía preparada para vivir en otro país; además, para hacer un buen trabajo necesitaba hablar inglés a la perfección, y todavía no me sentía capaz. Entonces su comentario fue: "te voy a regalar el Follow Me (un sistema de aprendizaje del inglés con casetes y libros, que en ese entonces anunciaban mucho en la televisión) y yo también te enseño para que aprendas más rápido". Me encantó su comentario, realmente quería que estuviera con ella, confesé que ese sistema no funcionaria conmigo porque era muy difícil que me sentara a repasar la clase, le pedí que me diera tiempo para prepararme y prometí que empezaría a estudiar en una escuela.

Ya eran como las cinco y media de la mañana, cuando decidimos irnos a dormir pues a las cuatro del día siguiente, Selena tendría sesión de fotos para la portada del nuevo disco, que llevaría por título *Quiero*. Mi vuelo de regreso a Monterrey estaba a las cinco. De no ser por eso, seguramente hubiésemos llegado al desayuno, pues todavía faltaban muchas cosas por platicar.

Selena me acompañó a la que sería mi recámara. Me dijo que me despertaría a las once de la mañana; al despedirse me dio un abrazo muy fuerte y me dijo que me quería mucho, que estaba muy contenta de que estuviera con ella. Yo le respondí que también la quería mucho, y siempre estaría con ella.

En la mañana entró en mi habitación para despertarme; se sentó en la cama, me habló y me movió con suavidad. Yo traía varias desveladas acumuladas y apenas podía despegar el ojo. Entonces me dijo: "Qué crees, me quedé dormida". Le pregunté la hora y ella respondió que eran las tres de la tarde. Pegué un brinco en la cama, preocupada, diciéndole que perdería mi vuelo. Se reía de mí, todo era broma, apenas eran las once… "¿Ya ves cómo sí te despertaste?", me preguntaba sin parar de reír.

Aprovechamos muy bien el tiempo, hicimos muchas cosas, después de que me bañé y arreglé mi maleta, Selena me pidió que le ayudara con la letra de una canción porque había algo que no le convencía del todo. Me explicó la idea y la tonada, y le compuse el párrafo que más o menos se ajustaba a lo que quería. Ni siquiera supe cuál era el nombre de esa canción porque la tenía escrita a mano en su libreta.

Al ratito llegó su hermano AB, que vivía enseguida de casa de Selena al igual que sus papás. Le sorprendió verme ahí, no sabía que iba a quedarme en casa de su hermana. Platicamos sólo un poco porque nosotras íbamos de salida, teníamos que pasar rápido a un mall a comprar un pantalón negro para que Chris lo utilizara en la sesión de fotos; después Selena me invitó a comer y terminando regresamos a su casa por mi maleta. Chris ya se había ido a la sesión de fotos, se estaba haciendo tarde, así que apuradas subimos mi maleta y las cosas de Selena al carro y en un dos por tres me dejó en el aeropuerto que afortunadamente estaba muy cerca de su casa.

III
El primer Disco de Oro

Ya de regreso en Monterrey empezamos a preparar-
nos para el próximo baile de Bronco, que sería en un
mes. Bronco ya estaba en los cuernos de la luna y se
había colocado como el grupo más importante en la
historia de la música grupera, así que el movimiento
para su próxima presentación en Monterrey era bastante fuerte. También actuaría Selena. Era su regreso
a Monterrey y el masivo volvería a realizarse en la explanada del Parque Fundidora.

Previo a este evento viajamos a Houston para
asistir al concierto que Selena ofreció en el Astrodome el domingo 28 de febrero. Viajamos desde el día
anterior y también llegaron algunos medios de comunicación de Monterrey para cubrir el evento.

Selena y Los Dinos impusieron un nuevo récord
de asistencia al reunir a cerca de 58 mil personas que la
ovacionaron desde el principio. Recuerdo que el escenario estaba en el centro y llevaban a Selena en una
carreta tirada por caballos; en el trayecto, ella soltó
unas lágrimas ante la ovación tan impresionante, realmente estaba muy emocionada. Fue un día inolvidable
que quedó marcado como uno de los más importantes
de su carrera y su vida.

Tres días después de este impresionante concierto, Selena viajó a Monterrey para asistir a un festejo organizado por la disquera en su honor y para actuar en el baile con Bronco.

La compañía disquera EMI Capitol organizó una gran fiesta en un salón del Hotel Crowne Plaza a la que se invitó a todos los medios de comunicación de Monterrey. El motivo era celebrar que Selena había ganado su primer Disco de Oro al rebasar las 150 mil copias vendidas de su disco *Baila esta cumbia*, el primero que salió en México.

Pero los invitados se quedaron vestidos y alborotados porque Selena y Los Dinos no llegaron a tiempo para el evento. La revisión en la aduana fronteriza fue exhaustiva y mientras los invitados esperaban, el grupo apenas venía en carretera.

La disquera se puso las pilas y en ese mismo momento organizó todo para el día siguiente, aunque el festejo se tuvo que cambiar al Hotel Fiesta Americana porque el Crowne Plaza ya estaba ocupado.

Esa noche esperamos a que llegara el grupo y, después de instalarse en su habitación, lo primero que Selena me dijo fue "llévame a tomar una banderita y me platicas qué pasó".

Poco a poco fueron llegando los muchachos al restaurante del hotel, Selena y yo nos sentamos en una mesa y antes de ordenar la cena quería su bebida, así que pedí una para ella y otra para mí. Le expliqué cómo debía tomarla: "tienes que probar las tres cosas al mismo tiempo, una seguida de la otra; primero tequila, después limón y por último la sangrita, ¿ok?". "Sí", me contestó muy decidida. Se tomó todo el vasito de tequila de trancazo, empezó a gritar y a echarse aire con las manos, se estaba quemando por dentro. Yo no sabía qué hacer y también le eché aire con mis manos.

Cuando se repuso le pregunté el porqué se lo había tomado todo, le dije que debía dar sólo un trago chiquito; su respuesta fue de lo más inesperada: "¡Es que así lo hace Pedro Infante¡". Solté la carcajada y le aclaré que eso sólo sucedía en las películas, que Pedro Infante ni siquiera tomaba. Ella estaba sorprendida, no lo podía creer, también soltó su característica carcajada y para que no me burlara de ella se tomó mi banderita, según ella para seguir practicando.

A la noche siguiente se llevó a cabo el evento como estaba planeado. Selena apareció y todas las miradas estaban puestas en ella; saludó de mano a todos los invitados, uno por uno. Algunos aprovechaban para plantarle un beso, otros para tomarse la foto y otros más para el autógrafo. Ella, siempre paciente, escuchaba los comentarios de los fans que fueron invitados por diversas promociones o las felicitaciones de los mismos medios de comunicación; era la primera vez que Selena tenía un festejo de ese tamaño en Monterrey. Hubo que esperar un larguísimo rato a que terminara de saludar a todos y por fin la compañía le pudo entregar su primer Disco de Oro ganado en

México. Selena cantó unos cuarenta y cinco minutos y los invitados bailaron y cantaron con ella.

Tuvo algunas actividades de promoción en Monterrey y el sábado se preparó para el gran baile con Bronco. Esa noche también se empalmaba otro gran baile con el que había que competir, ahora no eran Los Tigres del Norte, se trataba de La Mafia, que en ese entonces pegaban muy fuerte en esa región; actuarían en la Expo Guadalupe, donde había sido el concierto de Los Tigres del Norte.

Para nosotros no significaba una contienda aunque los medios de comunicación así lo hicieron ver. La Mafia era muy popular, pero no llegaba al nivel de Bronco, e incluso Selena ya los había rebasado en popularidad en Monterrey.

Como era de esperarse el evento fue un exitazo, aquello estaba a reventar, y la gente esperaba con ansia las actuaciones, primero la de ella y al final la de Bronco.

Nuevamente me fui al autobús de Selena bastante tiempo antes de su presentación y me encontré con la novedad de que ahí estaba Yolanda Saldívar, la presidenta de sus clubes de fans. Selena me dijo: "mira, aquí está Yolanda, ¿la recuerdas?". "Sí, claro", le dije al momento que la saludaba, le expresé mi sorpresa de verla por Monterrey y me comentó que la habían invitado para presenciar un baile tan grande como éste, entonces Selena me dijo: "Yolanda te trajo un regalo". Me sorprendí, pues yo apenas la conocía. "Voy a traerlo", dijo Yolanda y en un instante regresó con un paquete de artículos de Selena y Los Dinos, de los que ella manejaba para los fans; le agradecí el detalle y pedí que me los guardara hasta que acabara el baile.

Estuvimos un rato platicando y Selena preguntó cómo estaban las cosas afuera, le dije que igual que la vez anterior, pero con la diferencia de que sí había suficiente seguridad para mantener el orden.

Cuanto más se acercaba la hora de su show la gente más gritaba su nombre, pero ahora no pudieron derribar las barreras de contención. Selena estaba más tranquila y de repente me preguntó: "Ahora no va a entrar Soltero, ¿verdad?", le dije que no se preocupara, que todo estaría bien, al menos eso esperaba yo.

En esta ocasión la situación fue muy distinta, ahora sí empezó todo como siempre debió haber sido, desde que entró fue la locura, la gente no le quitaba la vista de encima y los hombres ni parpadeaban; al rato iniciaron los empujones y las asfixiadas, la gente se movía peligrosamente de un lado a otro. Selena empezó a preocuparse y a pedirle al público que se tranquilizara, afortunadamente le hicieron caso y la cosa no pasó a mayores.

Al terminar su presentación sólo estuve unos minutos con ella, escuchamos una gran ovación y era señal de que Bronco comenzaba su actuación, quedé de regresar más tarde para su segunda intervención, ya en la madrugada.

Me trasladé al escenario, también era la locura, había asfixiadas y desmayadas, afortunadamente no hubo situaciones que lamentar y Bronco recibió nuevamente un reconocimiento como el grupo más taquillero.

El baile continuó, me fui de ahí como a las seis de la mañana, después de que terminó la segunda actuación de Selena.

El lunes llegué a la oficina directo a revisar los periódicos, principalmente *El Norte*, quería ver cómo manejaban esta vez la información. Lo hicieron muy diferente, sus reporteros ahora sí se aplicaron y llegaron desde el principio, reivindicaron a Selena escribiendo que había sido la reina de la noche, dijeron que fue ovacionada casi al igual que Bronco y, como era de esperarse, en su baile hubo más gente que en el de La Mafia.

La carrera de Selena ya estaba más que cimentada, subía como la espuma y el éxito tan grande que tenía en el norte de México se estaba reflejando también en Estados Unidos, ya no sólo era muy popular en Texas, sino también en ciudades con mayor población latina como Los Ángeles, San Diego, Chicago, Atlanta, Miami, Nueva York, entre otras.

IV
Un pacto de sinceridad

El 27 de marzo de 1993, el señor Flores inauguraría un nuevo centro de espectáculos en Apodaca, una ciudad ubicada junto a Monterrey, de donde él es originario, igual que Bronco y Los Barón de Apodaca. El lugar se llamaría Casino Apodaca y el señor Flores pensó que Selena sería la artista ideal para la inauguración del lugar con capacidad para 18 mil personas, así que para encabezar el baile de inauguración, la invito a ella y al grupo Los Mier, que también eran muy exitosos en aquel momento.

Se anunció con bombo y platillo el evento, se hizo mucha promoción y unos diez días antes del baile hablé con Selena para comentarle sobre algunos pendientes, ella estaba muy preocupada, me dijo que estaba enferma de la garganta, había consultado al médico y éste le había recomendado que cancelara sus compromisos porque tenía un nódulo en la garganta; si no reposaba podía ser muy perjudicial para ella y tendrían que operarla, con el riesgo de que ya no pudiera volver a cantar.

Selena empezó a llorar, estaba realmente preocupada, sentía una presión muy fuerte por su responsabilidad con el grupo y por toda la gente que dependía de ella, sus papás, sus hermanos, los integrantes de Los Dinos, el staff técnico, etcétera.

Me dijo que era muy probable que no pudiera cantar en la inauguración del Casino Apodaca porque el tratamiento que le recetaron era muy fuerte, por lo menos durante los siguientes quince días no podía cantar, de manera que las actuaciones pactadas en ese lapso tenían que cancelarse. Ella estaba preocupada porque sabía que el evento era muy importante para el señor Flores.

Decidí no comentarle nada al señor Flores para no meter a Selena en un problema con su papá, sabía que le iba a caer como bomba la cancelación y seguramente iba a llamarle de inmediato a don Abraham, así que me quedé callada y esperé a que don Abraham le diera la noticia.

A los dos o tres días, el señor Flores me dijo que don Abraham le había cancelado y que al día siguiente viajaríamos a Corpus Christi para hablar con él.

Y así fue. Llegamos como a las siete de la tarde y en lo que llegamos al hotel y nos hospedamos nos dieron como las nueve.

Ya en mi habitación le llamé a Selena. Le causó una gran sorpresa cuando supo que estaba en Corpus, no les habíamos avisado que íbamos para allá. Le expliqué que estábamos ahí porque el señor Flores quería hablar con su papá personalmente por lo de la cancelación. Me dijo: "Óscar no lo cree, ¿verdad?".

Le respondí que estaba preocupado por la importancia del evento y quería insistirle a don Abraham para que se realizara la actuación. "De verdad no puedo —insistió—, esto es serio y no puedo arriesgarme a perder la voz, ya empecé el tratamiento y si no funciona me van a tener que operar, yo no quiero que me operen". Yo sabía que era muy difícil lograr un cambio de opinión, pero el señor Flores quería hacer un último intento.

Esa noche estuvimos hablando un rato, y entre las cosas que me platicó fue que quería comprar un leopardo. "Ya lo fui a ver, cuesta mil dólares", me dijo. "¡Queeeeeeeeeé…! Si compras un leopardo yo no vuelvo a poner un pie en tu casa —le respondí—, ya tienes dos ratones, dos perros, una víbora ¡y ahora quieres un leopardo!" "La víbora es de Chris —me recordó—." "No importa de quién sea, todos están en la misma casa", le aclaré. "No te preocupes, no es para tenerlo en esta casa, aquí no tengo dónde ponerlo, lo voy a comprar cuando tengamos la casa nueva."

Selena ya había comprado un terreno muy grande para construir su nueva casa, incluso había un pequeño lago, a mí me había encantado la idea del lago, por lo que le pedí que más adelante también adquiriera una lancha para pasear cuando yo estuviera en Corpus; ella me explicó que el lago no era tan grande como para una lancha de motor, pero podía ser una pequeña lancha con remos, me prometió que la compraría.

Seguimos platicando un rato más hasta que la garganta le empezó a molestar, me preguntó que cuándo regresaba Monterrey. Como mi vuelo salía a las cinco de la tarde, me dijo: "entonces te invito a comer mañana, aquí en mi casa, voy a preparar comida mexicana para ti". Me aclaró que no pasaría por mi porque iba a preparar la comida y me pidió que tomara un taxi en el hotel, me dio la dirección de su casa y las indicaciones de cómo llegar para que se las diera al taxista. Quedé de estar a la una de la tarde con ella.

En cuanto terminamos de hablar le marqué al señor Flores a su habitación para saber sobre sus planes para el día siguiente y comentarle que Selena me había invitado a comer a su casa, me dijo que estaba bien, él se reuniría con don Abraham.

Llegué a casa de Selena ya con mi maleta, ella estaba al pendiente de mi llegada, por lo que apenas se detuvo el taxi salió inmediatamente a recibirme. Adentro también estaba Chris esperándome, platicamos solo un momento porque Selena y yo nos fuimos directo a la cocina, ella estaba terminando de preparar la comida y Chris se fue a ver un partido de no se qué por televisión.

Selena me explicó que íbamos a comer taquitos, ella preparó el guiso y las tortillas en forma de taco eran de esas que compras en paquete en cualquier tienda; Chris quería seguir viendo el partido, así que le preparó sus tacos y se los llevó en una charola a la sala, después preparó los de nosotras y nos sentamos a la mesa.

Ya instaladas para comer, y mientras yo me disponía a dar la primer mordida, me di cuenta que Selena no hacía nada, sólo me observaba fijamente:

—¿Pasa algo? —pregunté.

—No, pruébalo.

Le di la mordida y me lo comí.

—¿Te gustó? —me preguntó de inmediato.

—Sí, está rico —respiró tranquila y tomó un taco.

—Es que me equivoqué de condimento —me aclaró.

—¿Qué le pusiste?

—Caca…

—¡¡¡¡Guáaaaacala!!!! —solté el taco y, clásico en ella, soltó una carcajada.

—¡Es mentira¡ —se apresuró a decirme—, sí me equivoqué de condimento pero no le puse eso… ¿De verdad te gustó?

Ya medio repuesta de la broma le dije: "Sí, es comida mexicana con sabor americano, pero sabe rico". Se quedó medio frustrada.

—Enséñame a cocinar como en México, quiero que mi comida mexicana sepa a comida mexicana de verdad.

—Pues no soy una experta y tampoco soy muy buena mexicana que digamos para la comida, no como mucho chile y me gusta más la comida internacional y el sushi, pero podemos empezar por las cosas más sencillas —le respondí—. El secreto de la comida mexicana está en los condimentos, los gringos no usan los condimentos que se usan en México, por eso sabe muy diferente su comida, aunque digan que es mexicana.

Ya en la sobremesa me dijo que tenía un regalo para mi, me llevó a su recámara y sacó dos cajas de zapatos. "Mira, compré estos zapatos para mi y compré otros iguales para ti." ¡Guau!, eran zapatos de piso, blanco con negro, del tipo de los que se usan para jugar boliche. "Cuando los vi me encantaron —dijo ella—, y pensé que también te gustarían, así que compré un par, pruébatelos." Me quedaron perfectos, yo estaba sorprendida porque me habían quedado bastante bien, le comenté que yo nunca me compraba unos zapatos sin antes medírmelos, pero esos me habían quedado perfectos, además de que eran muy cómodos. "¿Como le hiciste para saber mi número?", le pregunté. "Una ocasión que estábamos platicando por teléfono te pregunté tu número de zapatos y me lo dijiste, y tus pies son delgados, estaba segura que te quedarían bien", me explicó. "No te los quites, así llévatelos puestos".

Después de ahí me llevó a la habitación que tenía acondicionada como taller. "Tengo otro regalo para ti", me dijo nuevamente. Yo estaba más sorprendida aun; sacó un cinto con una hebilla como las que ella usaba en sus shows, con mucha pedrería. Me dijo: "pruébatelo, es para ti". También me quedó súper bien, nuevamente le pregunté cómo supo mi medida y me respondió que la había calculado, después sacó una caja con varias hebillas del tipo de las que ella usaba, me preguntó cuál me gustaba más, escogí una muy bonita, dorada con plateado, y me la regaló. Por supuesto que yo estaba encantada.

"Préstame el cinto porque quiero grabarte algo en la hebilla", me dijo a la vez que tomaba un aparatito. Mientras grababa el mensaje llegaron a la casa el señor Flores y don Abraham, un poco apurados porque ya era tiempo de ir al aeropuerto y el papá de Selena nos llevaría. Ella estaba más apurada tratando de terminar el grabado y yo me adelanté a poner mi maleta en el carro de don Abraham. Selena salió atrás de mi casi corriendo, con una bolsa en donde había puesto el cinto, la hebilla y la caja con mis zapatos. Nos despedimos con un abrazo muy fuerte porque no sabíamos cuándo nos veríamos otra vez, todo dependía de su salud.

En sala de espera del aeropuerto, el señor Flores, a quien no se le va una, me preguntó por mis zapatos, añadiendo que parecían de pingüino. Me dio risa y le expliqué que Selena me los había regalado, igual que un cinto y una hebilla; se los mostré y aproveché para leer el mensaje: "Para mi amiga Cristina, gracias por ser sincera y simpática conmigo, tu amiga por vida, Selena, 1993".

Durante el vuelo reflexioné sobre el mensaje y puse especial atención en la palabra *sincera*, creo que la puso con toda intención ya que para ella esa parte era muy importante, hasta me atrevería a decir que fundamental en su trato con otras personas.

Creo que fue como dejar por escrito y para siempre un pacto que habíamos hecho unos meses antes, cuando tuvimos una conversación después de que me regaló el disco *Entre a mi mundo* que se editó en 1992 sólo para Estados Unidos. Después de que lo escuché me preguntó mi opinión, le dije que todas las canciones me habían gustado, menos una, de estilo pop que se llama "Ámame". "Ésa la escribí yo —dijo— y es la única mía que viene en el disco." Ups..., yo me quería meter debajo de la mesa, pero ella con toda naturalidad aclaró: "no te apenes, me gusta que me digas la verdad, no me gustan las mentiras, siempre dime lo que piensas, no importa qué tan feo sea, siempre háblame con la verdad".

—Te lo prometo, siempre te voy a hablar con la verdad, pero igual tú, siempre háblame con la verdad.

—Ok, esto es como un pacto —me dijo al tiempo que me abrazaba.

V
El reencuentro con sus raíces

Una semana después de llegar de Corpus Christi, prácticamente un día antes de la inauguración del Casino Apodaca, tuve que informar a los medios que Selena no asistiría al evento, y en su lugar se presentaría una artista sorpresa. Ya no dio tiempo de que publicaran la noticia, así que la gente se enteró casi a la hora del concierto de que la nueva invitada era Bibi Gaytán, que comenzaba su carrera de solista después de formar parte de Timbiriche. Por desgracia, no le fue muy bien esa noche, la gente no aceptó el cambio y, debido a la respuesta del público, Bibi decidió terminar su show después de la tercera canción.

El lunes me llamó Selena para contarme que el tratamiento había tenido muy buenos resultados y estaba por terminarlo, se escuchaba muy contenta, el siguiente fin de semana podría cantar; también me comentó que iba a hacer una "barbacoa" en su casa (así le dicen en Estados Unidos a las reuniones donde hay parrillada o carne asada) para festejar su primer año de matrimonio con Chris. "El día exacto es el viernes, el 2 de abril —dijo—, pero lo voy a hacer el miércoles porque el viernes saldremos de la ciudad y no quiero que pase como si nada, es nuestro primer año de casados, va a ser algo chiquito, y me gustaría que estuvieras conmigo, te voy a mandar tu boleto de avión y te quedas aquí en mi casa." Cada vez me sorprendía más.

Con todo el dolor de mi corazón tuve que decirle que no podía ir, de verdad lo sentí bastante, me hubiera encantado estar con ella, así se lo hice saber; me insistió en que me podía regresar el jueves temprano, pero estábamos por anunciar un evento muy importante con Bronco y no podía despegarme de la oficina, viajar a Corpus implicaba estar dos días completos fuera a mitad de semana, era imposible; se desanimó mucho, yo sentía que se me partía el corazón; en ese momento quería estar con ella y abrazarla.

De repente reaccioné: ella se casó un 2 de abril, el mismo día en que yo empecé a trabajar en Representaciones Apodaca. Cuando se lo comenté, también se sorprendió; un año atrás, el mismo día, ambas estábamos haciendo algo que marcaría nuestras vidas. Una curiosa coincidencia.

Después de que colgamos, me quedé con una sensación muy extraña, me sentía mal, estuve pensando en alguna forma para ir, pero definitivamente era imposible, el trabajo era el trabajo, debía seguir.

El gran evento al que me refería era la actuación de Bronco en la Plaza de Toros México, de gran importancia para el grupo, pues era su primer concierto en el Distrito Federal, y no cualquiera se atrevía a presentarse en ese escenario tan imponente, con capacidad para 50 mil personas, sin el soporte de ningún otro artista.

Empezaron los preparativos, los medios de comunicación comprendieron la importancia del evento y el día del concierto llegó. Fue apoteósico, no hay otra palabra para describirlo, se agotaron todas las localidades, la gente vibró con todas y cada una de las canciones de principio a fin.

Afuera, los vendedores de souvenirs "hicieron su agosto", se les agotó todo, fue un evento que nos dejó marcados a todos los que estuvimos ahí.

Después de esto, Bronco se confirmó como el grupo más importante en su género, cruzó fronteras y su música se afianzó fuertemente en los Estados Unidos y Latinoamérica.

A la par, también crecía la popularidad de Selena, quien ya repuesta de la afección en la garganta había regresado a sus presentaciones, cada vez más exitosas. Su popularidad en Estados Unidos crecía como la espuma y se consagró como una de las ganadoras absolutas en los premios "Lo Nuestro", que aquel año efectuó su ceremonia en Miami, en la que Selena fue la ganadora absoluta al llevarse los galardones como Mejor artista femenina, Mejor canción (por "Como la flor") y Mejor álbum del año (por *Entre a mi mundo*).

En el mes de julio regresó nuevamente a Monterrey para promocionar su nueva producción discográfica titulada *Quiero*, que incluía las canciones "No debes jugar", "Las cadenas", "La llamada", "Qué creías" y un dueto con Emilio Navaira llamado "Tú robaste mi corazón", todos grandes éxitos.

Al iniciar la promoción, quedé impresionada por la cantidad de medios de comunicación que asistieron a la conferencia de prensa en uno de los salones más grandes del hotel; se ocuparon todas las sillas y muchos reporteros tuvieron que permanecer parados, eso sólo sucedía con los grandes artistas. Qué distinto a la primera conferencia de prensa que ofreció Selena un año atrás, en un salón más chico del mismo hotel, a la que sólo asistieron tres o cuatro reporteros.

Al día siguiente hicimos una sesión de fotos para un reportaje especial en el periódico *El Norte*. Ésa fue una de las entrevistas más interesantes durante su corta carrera en México y se publicó exactamente el sábado 10 de julio de 1993.

Selena habló explícitamente de lo que significaba para ella descubrir sus raíces mexicanas y de cómo sufrió el racismo en los Estados Unidos. Narró cómo tuvo que luchar para sobrevivir al racismo, tratando de destacar en todas las actividades, demostrando que no era inferior a los estadounidenses, actuando con mente positiva y convencida de que es posible ser mejor que cualquiera, sólo así se podían vencer los obstáculos.

Empezó a interesarse en sus raíces culturales cuando visitó por primera vez México, un año atrás; eso le permitió valorar todo eso. Le daba coraje darse cuenta cómo se estaban perdiendo sus raíces en los Estados Unidos, pero se sentía impotente porque ella sola no podía corregir esa situación, se necesitaba de la unión y el trabajo de los latinos para lograrlo.

Aceptó que había cometido el error de no hacer ningún esfuerzo por aprender a hablar español cuando era niña, sus papás le hablaban en español y ella les contestaba en inglés, pero consideraba que ellos tenían parte de culpa porque no la obligaban a contestar en español. Pero estaba decidida a aprender el español a la perfección y tenía planeado enseñarles a sus hijos.

Me encantó esa entrevista, entendí porqué siempre me presionaba para que la corrigiera si se equivocaba al decir algo, recordé una ocasión en que ya llevaba como diez o doce correcciones seguidas y al siguiente error ya no le dije nada, yo misma ya me caía gorda de tanto estarla corrigiendo, pero ella inmediatamente se dio cuenta y me preguntó si se había equivocado, le mostré cómo era la pronunciación correcta y ella me dijo: "corrígeme, siempre corrígeme, no importa cuántas veces sea necesario, no quiero que la gente piense que soy tonta". Entendí que realmente estaba decidida a aprender a hablar bien el español.

Me sentí muy orgullosa de la publicación de *El Norte*, que le dedicó toda la primera página de espectáculos, así que la recorté y mandé a enmarcarla para regalársela a Selena cuando regresara de la Ciudad de México, a donde había ido para seguir las actividades de promoción.

A su regreso a Monterrey, desayunamos en el hotel ella, Chris y yo. Antes de irme a la oficina los acompañé a su habitación y le dije que le tenía un regalo, tuvo que esperarme porque yo lo tenía en el auto, se notaba muy ansiosa de saber qué era.

Regresé con el periódico enmarcado, había quedado muy padre. Apenas se lo di, rompió el papel que lo envolvía y lo veía fascinada, me abrazó y me dijo: "ya no eres de lo peor". Cuando me hacía una broma yo le decía que ella era de lo peor que había conocido en toda mi vida, de la misma forma ella me lo decía si yo le hacía la broma, así que por esta ocasión yo ya no era de lo peor…

Le hice saber que me sentía muy orgullosa de ella, se emocionó mucho y no dejaba de abrazarme, casi se nos salen las lágrimas. Le habló a Chris para mostrárselo. Este cuadro lo puso en exhibición en su boutique de Corpus Christi, junto con sus Discos de Oro y otros reconocimientos.

Dos días después, el sábado 17 de julio, por fin se llevó a cabo la presentación de Selena y Los Dinos en el recién inaugurado Casino Apodaca. Como era de esperarse, el lugar estaba a reventar. Ya se nos estaba haciendo costumbre que Selena llenara los lugares donde se presentaba.

La carrera de Selena ya estaba totalmente consolidada en el norte del país, y ya era la artista femenina más exitosa del movimiento grupero. Sus presentaciones cada vez avanzaban más en territorio mexicano, todo era cuestión de tiempo para completar esa magia que absorbía al público en cuanto la veía actuar.

Además del norte de México, el grupo ya se había presentado en algunas plazas de San Luis Potosí y la periferia del Distrito Federal, donde también gozaba de mucha aceptación.

VI
La más taquillera

En Representaciones Apodaca la mayor parte del tiempo y de las actividades giraban en torno a Bronco y Selena y Los Dinos, los dos artistas estaban en un lugar privilegiado y había que cuidar muy bien cada actividad con ellos.

Un día nos llegó una noticia muy agradable: Bronco recibió la invitación para participar en la novela *Dos mujeres, un camino*, producida por Emilio Larrosa y en la que aparecían Erick Estrada, Bibi Gaytán, Laura León e Itatí Cantoral.

El productor consideró que, como Bronco era el grupo más exitoso en su género, sería interesante incluirlo en la novela, así que los integrantes de la banda debutaron en el mundo de las telenovelas y la idea era que participaran en cincuenta de los cien capítulos que iba a durar la telenovela.

La producción y parte del elenco viajaron a varios conciertos, ya que el personaje de Bibi Gaytán era una fanática de hueso colorado de Bronco; primero grabaron escenas en el baile de Tijuana y después otras escenas en la iglesia de Apodaca y en el rancho El Dominó, en Monterrey, propiedad del señor Flores, quien también tuvo sus intervenciones en la novela.

Todo esto era novedad para nosotros, resultaba muy interesante estar en las grabaciones. Los chicos de Bronco nunca habían tomado ni siquiera una clase de actuación en toda su vida, la única experiencia que tenían era la grabación de sus videoclips y la filmación de su película.

Mientras, con Selena también sucedían cosas interesantes. A mediados de septiembre regresó a Monterrey para actuar en la inauguración de la Feria de Monterrey.

Selena estaba un poco nerviosa porque su actuación se realizaría en el estadio de béisbol Monterrey, con capacidad para 30 mil personas. Sería la primera vez que actuaba ella sola en un lugar tan grande de la República Mexicana.

Atendió a algunos medios de comunicación en el hotel y después nos trasladamos en el autobús del grupo hacia el estadio; los muchachos estaban un poco ansiosos, apenas nos estacionamos se bajaron para ver cómo estaba el lugar. Sólo nos quedamos Selena, Ricky Vela (uno de los tecladistas) y yo, unos minutos después regresó Suzzette muy impresionada, nos dijo que había mucha gente y se volvió a bajar del autobús, eso inquietó un poco a Selena, pero la tranquilicé comentándole que toda esa gente estaba ahí por ella, seguramente todo iba a salir muy bien.

Faltaba un buen rato para que empezara el show y, con el fin de entretenernos, Selena me pidió que le enseñara las malas palabras en español. Me sorprendió su petición, ella no decía malas palabras; incluso en ese tiempo yo decía mucho la palabra *shit* (mierda), se me salía sin pensar y frecuentemente me pedía que no la dijera, ella ya sabía en qué situaciones yo la diría y a veces hasta se me adelantaba: "no la digas, no la digas", me causaba gracia porque ya me tenía bien tomada la medida.

Nunca se me había ocurrido pensar que aprender a hablar bien el español incluía conocer las malas palabras, pensé que era una buena idea que las supiera por si en algún momento se ofrecía.

Para empezar le aclaré que no las podía pronunciar en televisión ni en radio, debía ser recatada delante de cualquier medio de comunicación y de su papá; sobretodo esto último, porque después don Abraham me regañaría por enseñárselas.

Empezamos una por una hasta que las pudo pronunciar correctamente, se aprendió todas las esenciales con su correspondiente explicación, "y si quieres que le cale más pues le agregas esto o esto otro". Estaba como esponjita, tratando de captar todo lo que yo le explicaba; estábamos tan concentradas en lo nuestro que se nos olvidó que Ricky también permaneció en el autobús, hasta que soltó una carcajada, bastante divertido por escuchar todo ese montón de majaderías.

A la hora del show, Selena quedó impactada al ver el estadio de béisbol tan lleno, 30 mil personas cantaron con ella. Fue tal el éxito del concierto, que el comité organizador de la feria volvió a invitarla para que repitiera su actuación dieciocho días después.

Ésa fue una temporada en la que no veíamos la puerta de salida, a la siguiente semana del evento de Selena tuvimos el segundo concierto que ese año ofrecía Bronco en Monterrey y también pintaba para estar hasta el tope, además asistirían Bibi Gaytán e Itatí Cantoral a grabar unas escenas. La noche que tocó Bronco no se podía caminar de un escenario a otro.

Por su parte, Selena llegó dos días antes de su actuación en la Feria de Monterrey; tras instalarse en el hotel me comentó que necesitaba comprar unas cosas para el *bustier* que usaría en el concierto, pues no lo había terminado de arreglar; quedé de llevarla al día siguiente a conseguir lo que le faltaba.

Llegué por ella como a mediodía, pero como no desayunó quería pasar antes a comer algo. De plano íbamos a llevarnos toda la tarde, así que antes pasamos a la oficina para dejar unas indicaciones a la secretaria.

Me sorprendió el alboroto que provocó su presencia entre mis compañeros; ésta era la segunda ocasión que Selena iba a Representaciones Apodaca, la primera fue el día que llegó a Monterrey por primera ocasión, un año y medio atrás, pero ahora ya era una artista muy famosa capaz de llenar un estadio. Mientras yo veía mis pendientes, los muchachos y las muchachas aprovecharon para tomarse fotos con ella y pedirle autógrafos.

De ahí nos fuimos a comer y después al Liverpool de Galerías Monterrey, el único mall que teníamos en Monterrey en ese entonces, ya en otra ocasión la había llevado a comprar unos maquillajes, su fascinación eran los zapatos. En ese entonces Liverpool importaba zapatos de España y Brasil, así que los modelos eran más extravagantes y a Selena le encantaban, decía que no los encontraba en Estados Unidos, ese día no fue la excepción y también se compró algunos pares.

Después la llevé a la tienda para comprar lo que le faltaba para su *bustier*, una mercería en ese centro comercial. Tardamos como unas dos horas, compró lo que necesitaba y muchísima pedrería y adornos, se quería llevar toda la tienda. Cuando salimos de la tienda, el mall estaba cerrando y se nos hizo de noche; afuera, nos esperaban una señora con su hija de unos ocho o diez años, que había reconocido a Selena. Querían regalarle unos zapatos, pues la señora era dueña de una zapatería dentro del mall. Selena volteó a verme, no sabía si estaba bien aceptarlos; le dije que sí y fuimos a la tienda. Después de que eligió los zapatos, también compró una bolsa... ya no la podía sacar de ahí.

Llegamos al hotel pasadas de las nueve de la noche y algunos de los muchachos del grupo estaban cenando. Selena preguntó por su esposo, que estaba arriba, me pidió que la esperara, sólo subiría por Chris para cenar juntos. Pasó un buen rato y Selena no bajaba, decidí llamarla para saber si la seguía esperando, me contestó llorando y me pidió que fuera a su habitación. Apenas abrió la puerta, me abrazó muy fuerte, se había enojado con Chris; la tranquilicé y nos sentamos para que me explicara, me dijo que, como nos habíamos ido todo el día, él se había tomado unas cervezas con los muchachos; ella le reclamó, Chris se enojó y salió dando un portazo, era la primera vez que tenían una discusión de esa manera.

Le comenté que a mí no me parecía tan grave la situación, no tenía nada de malo que Chris se tomara unas cervezas con los muchachos, no eran unos desconocidos, y le dije que probablemente había hecho un problema donde no existía; le expliqué que, según se dice, en los matrimonios hay dos crisis, a los dos años y a los siete, ellos ya tenían un año y medio, era necesario que tuviera mucha paciencia, de lo contrario ella misma podía provocar una crisis. Lo entendió. Le pregunté si lo amaba, su respuesta inmediata fue "sí, mucho y para siempre". "Entonces tienes que tener paciencia —traté de serenarla— y cuidar tu matrimonio, Chris te quiere mucho, eso se nota." Apenas le dije eso, lo reconoció; me comentó que Chris había hecho muchas cosas por ella, me platicó algunas, eso significaba mucho para ella.

Ya con las ideas más claras y una actitud más alegre platicamos de otras cosas. De repente se levantó y fue por un perfume, me puso un poco y me preguntó si me gustaba, después me lo regaló. Era el Versus de Versace; a ella le gustaba mucho pero a Chris no, por lo tanto ya no se lo volvería a poner nunca.

Más tarde me pidió que me quitara los zapatos, ella también se los quitó y me llevó hacia un espejo que abarcaba toda una pared; me pidió que nos pusiéramos de espaldas una con la otra, quería medirme para saber qué tanto me sacaba de altura, ya sin tacones no era mucho, yo no sabía para qué hacíamos eso, me dijo que sólo quería saber.

Ya se encontraba en su estado normal, así que me despedí, era como la una y media de la mañana, con tanta cosa ni cenamos, entonces me dio una canasta con fruta, de las que colocan de cortesía en el hotel, me pidió que me la llevara porque ella no tendría tiempo de comerla y se echaría a perder, " hay mucha gente que no tiene que comer", me dijo; a su vez yo le hice ver que no me la llevaría, me preguntó si me daba pena; yo no iba a salir con la canasta porque tal vez pensarían que me la estaba robando. Sin decirme nada se dio la media vuelta, fue por una bolsa de plástico y metió la canasta ahí. "Así ya no te va a dar pena." Salí de ahí con perfume y canasta de frutas. "Si ves a Chris pídele que suba" me dijo muy sonriente en el pasillo.

La mañana siguiente, en el restaurante del hotel estaba don Abraham con Suzzette y algunos de los muchachos, al ratito llegó Selena muy agarradita de la mano de Chris, me sonrió con cierta complicidad, todo parecía indicar que habían tenido una noche de reconciliación bastante buena.

No se sentó, me hizo una seña para que fuera con ella y empezamos a caminar hacia el lobby, quería ir nuevamente a Galerías Monterrey para comprar un saco imitación de piel de zorro en color rojo que habíamos visto el día anterior. Le respondí que no la llevaría porque el onceavo mandamiento es no estorbar, pedí una de las camionetas que los organizadores de la feria pusieron a su disposición y se fue con Chris; yo regresé con don Abraham, que tenía cita con el señor Flores.

Para la actuación en la feria nos fuimos en dos camionetas, esa vez nos acompañó un locutor de radio que iba a entrevistarla durante el trayecto. Al llegar, mientras caminábamos sobre el césped de la cancha rumbo al camerino, a Selena se le salieron algunas lágrimas, no podía creer que el estadio estuviera nuevamente lleno.

Durante el evento, el patronato de la feria le entregó un reconocimiento como la artista más taquillera, ya que era una hazaña haber llenado dos veces casi seguidas el estadio de béisbol, al que entraron 30 mil personas en cada ocasión.

Esa noche mucha gente tuvo que acomodarse detrás del escenario porque se habían terminado todos los lugares disponibles, incluso los del campo; a los organizadores no les quedó más remedio que colocar a la gente atrás; esa área no estaba habilitada porque la visibilidad era muy limitada, pero a los fans no les importó, sólo querían escucharla.

Finalmente a esa gente le fue mejor. Cuando se dirigía a las camionetas, una vez finalizado el concierto, Selena escuchó el griterío que la llamaba y sin dudarlo se encaminó hacia la barda, ahí estuvimos bastante tiempo; no se fue hasta que firmó todos los autógrafos que le pidieron, esos fans fueron los más felices, la tuvieron más cerca que los que estuvieron al frente del escenario, tuvieron la oportunidad de platicar con ella y saludarla de mano.

VII
Selena debuta como actriz

Selena regresó a Monterrey a mediados de diciembre en una visita relámpago, ya que sólo asistió a cortar el listón inaugural del Corral Western Club, un nuevo antro vaquero muy grande.

En esa ocasión llegó acompañada solamente de su mamá, la señora Marcela, y de Chris. El señor Eduardo Flores, hermano del señor Óscar Flores y gerente general de Representaciones Apodaca, fue a recogerlos al aeropuerto pasado el mediodía, yo los estaba esperando en la oficina revisando unos últimos detalles con los medios de comunicación, me iban a avisar en cuanto llegaran al restaurante para comer juntos.

Cuando llegué, ya habían ordenado. Selena había pedido para mí una arrachera bien cocida, como me gusta, parecía que me había leído el pensamiento, es lo que yo pensaba pedir. Sacó debajo de la mesa una bolsa de regalo, era un reloj, me dijo que era la primera muestra de su línea de relojes y quería que yo lo tuviera; de verdad siempre me sorprendía con sus detalles, sobre todo en esta ocasión porque eso era lo único con lo que viajó. Inmediatamente me quitó el reloj que tenía puesto y me puso el nuevo; lo observaba emocionada, decía que se me veía muy bien. Era negro con carátula blanca y tenía el logotipo de Selena en negro, me encantó. A partir de entonces lo usé todos los días hasta que dejó de funcionar, después lo guardé muy bien.

Durante la comida Selena echó un vistazo al restaurante y de repente me preguntó: "¿Este restaurante es para ricos, verdad?". Estábamos en El Mirador, uno de los mejores y de mayor prestigio en cortes de carne; me causó gracia su comentario y le confirmé que así era. Muy a su manera me dijo: "¿Entonces qué hacemos aquí? Vámonos a los tacos".

La pasamos muy bien y después de comer nos fuimos al Corral Western Club. Selena estrenó el saco rojo que había comprado dos meses atrás, parecía estrella de Hollywood. La ceremonia se llevó a cabo y ella atendió a los medios de comunicación. Como la Navidad estaba próxima, algunos medios le pidieron saludos especialmente de Navidad para el público, ella sólo hizo recomendaciones y pidió que todo mundo se cuidara mucho.

Los medios de comunicación no sabían que ella no festejaba la Navidad, ésa era una costumbre derivada de la religión de sus padres y abuelos que eran Testigos de Jehová, y aunque ni ella ni sus hermanos la practicaban como tal, respetaban la tradición familiar. Para ellos la Navidad no tenía un significado; a Selena le preocupaba que el público pudiera rechazarla cuando se enteraran de que no era católica como la gran mayoría de los mexicanos, le pedí que dejara de preocuparse por eso, la gente la quería mucho y lo que importaba era su música, no su religión.

Esa fue prácticamente la última actividad que tuvimos en el año, un año de muchos logros en el medio grupero, y en especial para nosotros, un año de grandes éxitos con Bronco y Selena.

El siguiente año comenzó muy bien. En enero de 1994 Selena hizo realidad uno de sus más grandes sueños al inaugurar la primera de sus boutiques en la ciudad de Corpus Christi, la segunda fue inaugurada después en San Antonio, Texas.

A finales de febrero actuó una vez más en el Astrodome de Houston, rompiendo por segunda ocasión consecutiva el récord de asistencia con más de 60 mil personas.

Esa ocasión también viajé para estar con ella. Llegué una tarde antes y mientras me registraba en el hotel llegó don Abraham a la recepción, nos saludamos y me pidió que lo acompañara al mall para recoger a Selena y a su mamá, pues habían ido de compras. Sólo dejé mi maleta y nos fuimos en su auto. Durante el trayecto me comentó que ya estaba listo el nuevo disco, llevaría por título *Amor prohibido* y lo escuchamos para ver qué me parecía.

Al llegar, don Abraham bajó a buscarlas y después de un buen rato regresó diciendo que no tardarían. Mientras esperábamos escuchamos lo poco que faltaba del disco, le hice saber que me había encantado y le pregunté si la disquera ya había seleccionado el sencillo. Comenté que me parecía difícil escoger solamente una canción porque había varios temas muy buenos.

Como a los cinco minutos llegaron Selena, su mamá, Suzette y el resto de los muchachos. Yo me pasé atrás con Selena para que la señora Marcela estuviera más cómoda; nos acomodamos como pudimos, íbamos como sardinas en lata.

Ya en el trayecto al hotel, don Abraham dijo que no me gustó el disco. Selena volteó a verme bastante sorprendida, pero yo seguí la corriente y le dije que no sabía cómo la compañía disquera iba a seleccionar el sencillo porque las canciones eran muy malas. Me miraba con una expresión de incredulidad maravillosa, ¡¡lo creyó!! Le pedí perdón por decírselo de esa manera, y le recordé que teníamos un compromiso de decirnos la verdad, sin importar si era algo bueno o malo. Estaba sin palabras, desconcertada, agachó la cabeza como niña regañada, tratando de entender por qué no me gustaron las canciones. En ese momento ya no pude seguir con la broma, me ganó la risa... Había caído redondita, una de cal por tantas de arena... Me quería ahorcar.

Una vez repuesta de la broma y en un tono más serio me comentó que había ido al hospital a visitar a una niña que era súper fan; lamentablemente estaba enferma de leucemia y le quedaba muy poquito tiempo de vida. Sus ojos se humedecieron, había sido una experiencia muy triste para ella. "¿Por qué se tiene

71

que morir?", me preguntó. "Son cosas de Dios", fue mi respuesta.

Al día siguiente ellos se prepararon desde temprano para su concierto en el Astrodome. Más tarde llegué al camerino y nos sentamos a platicar, aprovechando que faltaba un buen rato para su actuación, entre otras cosas hablamos sobre el Grammy; tenía poco tiempo de hacer públicas las nominaciones y Selena estaba compitiendo en la terna de Mejor Álbum Tex-Mex con el disco *Selena Live* (aún no existía el Grammy Latino). La ceremonia se llevaría a cabo tres días después, en Los Ángeles, y yo estaba muy entusiasmada con la posibilidad de que ella ganara, aunque era difícil porque competía con Vicente Fernández y Los Tigres del Norte. Ella, muy tranquila, me dijo que estaba segura de que no ganaría, pero estaba feliz con el simple hecho de estar nominada junto a esos dos grandes... Parecía que la única entusiasmada era yo.

El miércoles siguiente recibí la llamada de don Abraham, muy emocionado. "¡Selena ganó el Grammy!" Yo también empecé a gritar sólo de imaginar lo que ella estaría sintiendo.

La buena racha siguió. Con las modificaciones que se le hicieron a la telenovela *Dos mujeres, un camino*, que tendría más capítulos y se transmitiría en horario estelar, el señor Flores le habló a Emilio Larrosa sobre Selena. El productor de la telenovela se mostró interesado y le enviamos un paquete de información, discos y videos para que tuviera una idea de todo lo que había logrado en tan poco tiempo, por lo que el señor Larrosa no dudó en incluirla.

Inicialmente, Selena sólo interpretaría un pequeño papel. En un concierto de Bronco, a Choche le sembrarían droga en su batería, por lo que la policía llegaría a arrestarlo y el grupo no podría actuar. Justo ahí entraba Selena al rescate. Para solucionar el problema, ella propone que su grupo puede dar el concierto. Al aire sólo se transmitiría el tema "Como la flor".

Empezó a llegar el equipo de producción de la telenovela, y con ellos los actores Jorge Salinas, Sergio Sendel, Rodrigo Vidal, Lorena Herrera, Gaby Platas e Itatí Cantoral, entre otros.

Las grabaciones se realizaron en un rancho y al día siguiente le tocaba a Selena en las locaciones del rodeo; llegamos al lugar a media mañana, caminábamos apuradas y al mismo tiempo revisábamos la ropa que usaría, cinto, sombrero, etcétera. No tenía maleta, todo lo llevábamos en las manos; apenas entramos al rodeo se escuchó un grito ensordecedor, nos paramos en seco, era la gente que llenaba las gradas. Siguieron los gritos y las porras para Selena, los de la producción de la telenovela pararon por un momento para observar el recibimiento que le daban, muy emotivo, hasta ella misma se impresionó.

Después de que se rodaron las primeras escenas junto a Itatí, Gaby, Anadela y los integrantes de Bronco, Selena me preguntó mi opinión sobre su actuación. Tuve que decirle que, definitivamente, necesitaba tomar clases, aunque para que no se sintiera mal también le hice ver que los muchachos de Bronco así habían empezado y lo hacían cada vez mejor; estaba de acuerdo conmigo y dijo que iba a buscar una oportunidad entre tanto trabajo para tomar unos cursos.

Ya por la noche, como a eso de las nueve, Selena terminó de grabar una de sus escenas y se fue a sentar junto a mí. Mientras la producción preparaba la siguiente escena anunciaron por el megáfono que le habían disparado a Luis Donaldo Colosio y su estado de salud era muy grave. El señor Colosio, de cuarenta y cuatro años, era candidato por el Partido Revolucionario Institucional (PRI) a la presidencia de la república. La noticia causó un fuerte impacto entre todos, Selena se dio cuenta y me preguntó quién era él; le respondí que prácticamente sería el próximo presidente de México.

Más tarde, como a las once de la noche, nos informaron que había fallecido, todos quedamos atónitos, consternados. Guardamos un minuto de silencio.

Selena compartió ese momento con nosotros y me pidió que le hablara sobre él, quería saber por qué lo habían matado. En ese momento, ni en mis más locos desvaríos hubiera podido imaginar que un año más tarde, con apenas una semana de diferencia, ella también moriría de la misma forma.

A la mañana siguiente que llegué por ella al hotel, su primer comentario fue que había visto en las noticias "lo de el señor al que mataron anoche". Aunque no lo conocía ella también sentía su muerte, "porque parecía buena persona".

Las grabaciones continuaron. Con la euforia que estaba provocando esa corta participación de Selena, la producción de la telenovela decidió hacer algunas modificaciones a la historia para que ella apareciera en más capítulos, así que después del episodio donde ayudaba a Bronco, surgía el amor a primera vista entre Ramiro (tecladista del grupo) y Selena (obviamente, Ramiro estaba feliz con estos cambios).

Por la tarde Selena me comentó un tanto preocupada que el señor Larrosa le dijo que sería novia de Ramiro, después se casarían y habría una fiesta para la boda. Me aclaró que ella no tenía problema con eso, lo podía hacer siempre y cuando no hubiera escenas de besos. "No voy a besar a otro que no sea Chris", me recalcó, aunque no era necesario.

El problema era con su papá. El hecho de casarse en una boda católica como se acostumbra en las telenovelas en México no le iba a gustar nada a don Abraham.

Aunque ella no practicaba la religión de los Testigos de Jehová como tal, varias de sus acciones sí provenían de dicha religión, como el no festejar la Navidad ni su cumpleaños o el Halloween, los signos del zodiaco tampoco significaban algo para ella, y mucho menos idolatraba imágenes religiosas o símbolos patrios.

Por lo tanto, ser la protagonista de una boda católica le creaba un conflicto interno, pues aunque para ella no representaba un problema hacerlo porque se trataba de una boda ficticia, estaba segura de que don Abraham por principio de cuentas se molestaría mucho y no lo permitiría, y finalmente, tratándose de cuestiones religiosas, tendría que ceder ante la decisión de su papá.

Entendí su posición y el problema que le podía provocar; sugerí que habláramos enseguida con el señor Larrosa para que modificara esa parte de la historia; aunque también le expliqué que ser incluida en más capítulos traería un gran beneficio para su carrera.

Don Abraham se enojó muchísimo por lo de la boda con Ramiro cuando Selena se lo dijo, pensó que había sido idea del señor Flores; anteriormente habían tenido algunas diferencias porque el señor Flores decidía ciertas cosas sobre Selena sin consultarlo antes con don Abraham. Ella no seguiría en la telenovela y al terminar su actuación en el Rodeo de Medianoche se retiraron, no hubo oportunidad de despedirnos.

Días después, don Abraham terminó su relación laboral con el señor Flores y le envió una carta a la disquera EMI Capitol dejando muy en claro que Representaciones Apodaca ya no tenía ni voz ni voto en los asuntos relacionado con Selena y Los Dinos.

En ese momento nosotros no sabíamos sobre eso, creo que Selena tampoco; yo me preparaba para viajar al Festival Acapulco y solicité a la disquera el plan de promoción que realizaría Selena durante el festival. Entre sus actividades se incluía una actuación con los Barrio Boyz en los eventos de playa y un concierto en el Rodeo de Medianoche, pero nunca me enviaron nada.

Viajé a Acapulco y días después llegó Selena. Afuera del hotel me encontré con una persona de la disquera, que se contactó vía radio con el label manager. Su respuesta fue bastante grosera; dijo que yo no tenía por qué estar enterada de las actividades de Selena.

Me extrañó mucho esta actitud, ya que nos conocíamos de varios años atrás y siempre habíamos mantenido una relación cordial; pero después de la carta de don Abraham era evidente cómo habían cambiado las cosas. Por algo Selena me decía que esa persona no le gustaba, le parecía que era "de dos caras". Qué razón tenía.

Muy sorprendida, sin saber que efectivamente nosotros no teníamos por qué estar informados sobre las actividades de promoción, busqué a Selena en su habitación. Nos vimos un poco más tarde y lo primero que hizo fue mostrarme el plan de trabajo que llevaría a cabo al día siguiente para que le explicara lo que tenía que hacer. La promoción consistía en varias sesiones de fotos y entrevistas, iba a necesitar varios vestuarios de playa, me dijo que no iba preparada para eso, me preguntó por qué no le había avisado, pues ella estaba acostumbrada a que yo le explicara con tiempo para prepararse con algún vestuario especial.

Le expliqué que la compañía nunca me envió el plan de promoción, supongo que ella tampoco estaba enterada de la carta de don Abraham.

Afortunadamente tenía la tarde libre y decidió aprovecharla para comprar la ropa de playa y accesorios para las sesiones de fotos, quedamos en reunirnos nuevamente por la noche para seleccionar lo que utilizaría.

Se compró varios trajes de baño, pareos y accesorios; se los acomodé en orden, como se iban a utilizar. Todas las entrevistas se harían en el área del restaurante del hotel donde se hospedaba, a la orilla de la playa.

A la mañana siguiente llegué y Selena ya estaba en la tercera entrevista, me senté en una mesa con don Abraham, quién me saludó con el mismo afecto de siempre; no me comentó nada de la carta, creo que ni se acordó; Selena me vio y al terminar la entrevista se reunió con nosotros; enseguida me pidió que la acompañara a cambiarse; nos dirigíamos al elevador cuando de pronto llegó la persona de la disquera que ya traía mala vibra conmigo, la toma del brazo, le dice que vaya a cambiarse y de plano me da el cortón. Selena se da cuenta de la actitud grosera, se suelta un poco molesta, le dice que yo voy a estar con ella y me jala para meternos al elevador; al de la disquera no le quedó más remedio que quedarse ahí. ¡Cómo le molestaban a Selena ese tipo de actitudes déspotas y groseras!

Seguimos con las entrevistas y al terminar se nos acercó muy apresurado un reportero de la revista *Furia Musical* para decirnos de última hora que necesitaba unas fotos de Selena en bikini, pues se las había solicitado el director de *TV y Novelas* para el póster central, pues ambas revistas pertenecen a la misma editorial.

Selena ya no tenía ropa para otra sesión, había usado todo lo de las compras del día anterior; entonces me preguntó si estaba bien hacerlas, le expliqué que era importante porque esa revista casi no incluía artistas gruperos, más aún porque en esa ocasión se trataba del póster central. De inmediato nos metimos a la tienda del hotel tratando de encontrar algo adecuado; no había mucho de dónde escoger, la ropa no era muy bonita, pero no teníamos otra opción. Ella escogió uno de los trajes de baño y una malla, a la hora de pagar nos dimos cuenta de que no traíamos dinero, nuestras bolsas estaban en la habitación, con lo poco que cargaba en mis bermudas completamos la cuenta.

Selena salió de la tienda con su nuevo bikini ya puesto, lista para las fotos, pero el reportero quería otra locación más exclusiva, insistió en que era para el póster; nos fuimos al Club de Yates y ahí se hizo rápidamente la sesión.

Al día siguiente Selena se presentó en el escenario del Rodeo de Medianoche instalado a la orilla de la playa; fue la locura, estaba a reventar y mucha gente no pudo entrar. Fue un evento importantísimo para su carrera en México ya que era la primera ciudad fuera de el norte del país donde tenía un lleno de esa magnitud.

Al regresar a Monterrey le comenté a uno de mis compañeros del departamento de promoción lo que había sucedido en Acapulco y la actitud grosera que recibí de la persona de la disquera. Precisamente en ese momento me enteré de la carta de don Abraham, ya no alcanzaron a avisarme; me sorprendió mucho, eso significaba que ya no manejaríamos nada del grupo, pero también me extrañó que nadie me hubiese dicho nada en Acapulco, ni siquiera don Abraham; tanto él como Selena y el resto de los muchachos se habían comportado conmigo con el mismo afecto y confianza de siempre, como si nada hubiera cambiado. No entendía nada.

En esos días empezó a correr el rumor de que Selena ya no pertenecía a Representaciones Apodaca, y algunos medios me interrogaban al respecto. Mi respuesta era que todo estaba bien, al menos conmigo no habían cambiado las cosas, y no sabíamos si era definitivo el rompimiento.

VIII
Yolanda, su primera asistente

Unos días después la compañía disquera anunció las presentaciones que Selena iba a realizar en julio en Monterrey, organizadas por el comité de financiamiento del PRI para promover la campaña política de su candidato para la alcaldía; se harían dos presentaciones, un masivo en el auditorio del Parque Fundidora y otro privado en el Hotel Fiesta Americana.

Ésta no era una buena señal para Representaciones Apodaca, pues significaba que don Abraham estaba tratando directamente con otros empresarios las actuaciones de Selena en México, iba en serio lo del rompimiento.

Días antes de su llegada a Monterrey, hablé con Selena con la intención de saber cómo estaban las cosas. Me preguntó sobre los conciertos, le expliqué que no tenía idea de nada porque no los estábamos manejando nosotros, me pidió que no me retirara de ella y que la acompañara en los eventos. Convencida de que la actitud de Selena hacia mi seguía siendo la misma, le di la noticia de que le habían dado su primer portada en una publicación de distribución nacional, se trataba de la revista *¡Oye!*, el ejemplar del 11 de junio de

1994. Le dio mucho gusto y me pidió que le llevara una revista para conservarla.

Ya en Monterrey, Selena tuvo su conferencia de prensa en el Hotel Crowne Plaza. Llegué un poco antes de que empezara, ya estaban todos los medios, Selena entró al salón junto con la persona de su disquera que me había hecho el desplante en Acapulco; al verme, ella fue a darme un abrazo muy fuerte, el de la disquera ni chistó, no se iba a arriesgar a que Selena lo volviera a poner en su lugar.

Igual que siempre, como si nada hubiese cambiado, Selena me preguntó sobre lo que tenía que hacer. "Pues empieza por saludar a la gente y después te sientas para la conferencia", le dije. Los de la compañía empezaron a moverse para tomar el control, a mí me causaba gracia la situación, ahora sí sabía cómo estaban las cosas, tenía la plena seguridad de que Selena no iba a permitir que me hicieran alguna grosería.

La conferencia transcurrió bien y le preguntaron por su relación con el señor Flores. Don Abraham contestó que el señor Flores era sólo un promotor con el que trabajaban en México, y que el único representante de Selena era él. Los medios quedaron conformes con esa respuesta y ya no preguntaron más. Selena habló sobre el próximo disco que grabaría en inglés, sobre su boutique y sus negocios familiares.

Terminó la conferencia y mientras se preparaban para hacer unas entrevistas de televisión, Selena me comentó que ya tenía asistente; en ocasiones anteriores yo le había recomendado que contratara a una persona para que le ayudara en los shows, siempre le ayudaban su mamá o Suzzete, en ocasiones yo, si ellas no estaban.

—¿Y quién es? —le pregunté.

—Es Yolanda, Yolanda Saldívar, tú la conoces, es la de los clubs de fans —me recordó.

—¡Claro¡ Qué bueno que es ella, te quiere y te va a cuidar…

—Cuando me necesites y no me encuentres, habla con ella, me lo dirá.

—Perfecto, qué bueno que por fin tienes alguien que te ayude, ahora sí ya no vas a olvidar nada.

Aproveché ese momento para entregarle un sobre con algunas revistas, entre las que incluí los ejemplares de *¡Oye!* y *Furia musical*. Resulta que ésta última también la había sacado en la portada con las fotos que había hecho en Acapulco, que supuestamente serían para el póster central de *TV y Novelas*. Intrigada, Selena me preguntó la razón por la que se publicaron en *Furia Musical*, le dije que no tenía idea.

Selena se preocupó un poco; pensaba que la malla encima del bikini la había cubierto más, pero al momento de ver la portada se dio cuenta de que no fue así. "Que no la vea mi papá porque me va a regañar", me dijo. Las volvimos a guardar antes de que se acercara don Abraham y las dejamos en una mesa cercana.

De verdad estaba preocupada por esas fotos, cuando ya estaba por iniciar la entrevista, vio que don

Abraham se acercó a la mesa donde las habíamos dejado, me hizo una seña para que volteara a ver, las dos cruzamos los dedos para que no pasara nada. Curioso, don Abraham apenas abrió el paquete, como que no pudo ver mucho, lo dejó y se retiró. Selena y yo volteamos a vernos y respiramos tranquilas.

Al día siguiente la disquera hizo una gran comida en su honor en el restaurante El Regio, invitaron a todos los medios de comunicación para que los acompañaran en la entrega de dos discos de Oro, uno por la venta de más de cien mil copias de *Selena Live*, con el que ganó el Grammy, y otro más por rebasar las cien mil copias de *Amor prohibido*, que tenía poco de haber salido a la venta.

Nuevamente fui un rato para estar con ella, y me volvió a abrazar con el mismo cariño de siempre, platicamos muy poco porque estaba en su festejo, quedamos de vernos para el primero de sus conciertos, en el auditorio del Parque Fundidora

La venta de boletos no iba bien, ya que aún no era el momento para que Selena actuara en un lugar así. La mayor parte de su público era el popular, personas que no tenían la posibilidad de asistir a ese tipo de lugares donde los boletos son más caros. En este auditorio sólo se presentaban artistas de pop o rock nacional e internacional, ella era la primera del género grupero en presentarse ahí.

Selena llegó muy temprano al auditorio, mientras terminaba de arreglarse, me dijo que sentía que iba asistir poca gente, ya se había acostumbrado a los masivos exitosos y presentía que en esta ocasión algo no andaba bien; faltaban sólo unos minutos para la hora del show, me pidió que saliera a ver. Era increíble, estaba casi vacío, era un lugar para siete mil personas sentadas y siete mil de pie en la parte del talud; yo no quería ni regresar al camerino, tendría que decirle la verdad... Me esperé unos cinco minutos, pero no se veía que llegara más gente.

Tuve que decírselo y lo tomó con calma. El concierto se retrasó una hora, las butacas estaban casi vacías pero había gente en talud; los organizadores decidieron pasar a la gente de atrás hacia adelante y mejoró muchísimo la situación. Selena no se desanimó, como siempre, le puso muchas ganas.

A la mitad del show me senté entre el público, desde ahí vi el resto del concierto y decidí ya no regresar al camerino, preferí salir sin despedirme, me imaginaba que no estaría de muy buen ánimo y no quería verla así.

Al día siguiente era el show privado en La Cascada del Hotel Fiesta Americana; los boletos ya estaban vendidos entre gente del partido político, gente más *nice*.

Llegamos tarde, el show ya había empezado, nos acomodamos en nuestra mesa y Selena me vio desde el escenario. Por el micrófono me dijo que no me fuera, porque si me iba... me hizo la seña de que me daba "cuello", por lo de la noche anterior. Ante esa advertencia no había otra opción, aunque de cualquier forma pensaba quedarme un rato.

Al terminar el show subimos inmediatamente a su habitación, que era la suite presidencial, para quedarse con el ojo cuadrado... Nos acompañó gente de los medios de comunicación, del consulado estadounidense en Monterrey, integrantes del partido político y, en general, personas que la querían conocer.

Atendió a todos y la suite se despejó pasadas las dos de la madrugada. Sólo nos quedamos Chris, Selena y yo. Él tenía hambre y bajó a cenar con los muchachos, Selena prefirió que nos quedáramos, estaba impresionada con la suite, nunca había estado en una habitación así; se preparó para darme un recorrido mostrándomela como si fuera guía de turistas, de verdad era muy grande, muy bonita y muy lujosa. Selena asaltó el servibar, sacó botanas y bebidas y otras cosas que tenía por ahí, eso fue lo que cenamos.

Esa noche también platicamos de muchas cosas, me dijo que era muy feliz, su relación con Chris estaba mejor que nunca y estaba cuidando mucho su matrimonio porque quería que durara para siempre; estos comentarios tenían relación con la conversación que tuvimos meses atrás, cuando ellos discutieron.

Estaba muy ilusionada con la idea de tener un bebé, me dijo que no dejaba de pensar en eso aunque todavía no lo platicaba con Chris; antes me había dicho que iba a esperar cinco años para embarazarse, pero ahora estaba pensando mejor las cosas, ya no quería dejar pasar tanto tiempo.

IX
Su relación con Chris

Al hablar de su relación con Chris, hasta le brillaban sus ojitos. Primero se habían hecho muy buenos amigos y después se enamoraron. A Selena le encantaba su timidez y fue ella quien tomó la iniciativa; empezaron su relación a escondidas de su papá, aunque después él empezó a sospechar que ahí había algo. Don Abraham se puso abusado hasta que los cachó y se armó la discusión en el autobús mientras regresaban de un show. Incluso despidió a Chris del grupo.

Selena no estaba dispuesta a separarse de Chris porque estaba plenamente segura de su amor; pensó detenidamente las cosas y se convenció de que su papá nunca aprobaría su relación, así que tomó una decisión importante: le pidió a Chris que se casaran, ésa era la única manera de que nadie pudiera separarlos.

Él estaba un poco desconcertado ante lo apresurado de la petición, pero comprendió que Selena tenía razón y ésa era la única manera de seguir juntos.

Se trasladaron al registro civil, pero al momento de pagar la cuota ninguno de los dos tenía dinero. Afortunadamente, Selena llevaba su tarjeta de crédito y pudieron solucionar el problema. Salieron de ahí emocionados, se subieron al carro y apenas habían avanzado un poco cuando en la radio dijeron que Selena se había casado con el guitarrista de su grupo. Ella estaba impactada; se preguntaba cómo era posible que lo supieran si acababa de suceder, no encontraba una explicación. Mi explicación es que, mientras ellas solucionaban lo del dinero, alguna persona del registro civil llamó a la radio para dar la noticia, finalmente ella era una persona muy conocida.

Selena se preocupó mucho porque pensaba decírselo ella misma a su familia, pero se iban a enterar primero por la radio y no quería ver la reacción de su papá.

Le pidió a Chris que la llevara a otro lado y se dirigieron a San Antonio, a casa de la mamá de Chris.

Para la señora fue una sorpresa verlos de pronto, sin que hubieran avisado, pero se mostró muy contenta de la visita. Todavía no le decían que se habían casado; se sentaron en un sillón y la señora estaba muy platicadora, y según me dijo Selena, ellos estaban muy nerviosos, se tomaban tan fuerte de las manos que hasta les sudaban; en algún momento le dirían, pero mientras dejaban que siguiera hablando… Por fin tomaron valor y lo dijeron esperando su reacción; la mamá de Chris se puso más que feliz con la noticia.

Ahora faltaba la parte más difícil: la reacción de la familia de Selena. Platicaron sobre lo que harían si su familia no lo aceptaba; ella estaba dispuesta a dejarlo todo por él, ya tenía su propio dinero y podía dedicarse de lleno a su otra gran pasión, el diseño de modas; Chris, por su parte, podía integrarse a otro grupo; él ya había pertenecido a otras bandas y tenía fama de ser muy buen guitarrista, consideraba que podía mantener y apoyar bien a Selena mientras ella incursionaba en el mundo de la moda.

Ya tenían resuelta su vida juntos y, con toda la seguridad que le daba el tener a Chris a su lado, Selena se preparó para ver de frente a su familia, y principalmente a su papá.

Llegó a su casa un poco nerviosa y, contrario a lo que esperaba, encontró a su papá muy tranquilo. Don Abraham le pidió que se sentara para hablar, reconoció que él mismo la había orillado a hacer las cosas de esa manera, y ahora que ya estaba más tranquilo podía entender que ella y Chris de verdad se querían. Conversaron durante un buen rato, y las cosas se arreglaron.

Cuando terminó de platicarme todo esto yo no pude contener las lágrimas. Selena me abrazó muy fuerte y me preguntó que me pasaba, le dije que me había emocionado. Ésa sí era una historia de amor de verdad… y de la vida real.

Ella también derramó algunas lágrimas, me dijo que aunque su boda no fue como la había soñado, ése era uno de los días más felices de su vida, que no se había equivocado con Chris. De pronto recordó que se tomaron una foto, la única de su boda y Chris la cargaba en su cartera. Fue a buscarla para mostrármela pero él se la había llevado; me describió cómo estaban vestidos de lo más sencillo, Chris con su clásica playera y jeans, ella igual, con una chamarra que le regalaron los de la Coca Cola cuando hizo el comercial para esa marca.

Cuando las cosas se arreglaron con su familia, su mamá le preguntó sobre su conversación con don Abraham después de que se casó, porque él había estado llorando. Le sorprendió ese comentario: ese hombre aparentemente tan duro también lloraba.

Después hablamos sobre su éxito y me comentó que cada vez se le complicaba más salir con Chris, ya no podía hacer casi nada, se le iba el tiempo en fotos y autógrafos y él se quedaba esperando. Le dije que tenía que acostumbrarse y disfrutarlo, y aprender a vivir con eso, porque cada vez iba a ser peor y ya no había marcha atrás.

De repente se puso algo seria, me comentó que estaba un poco preocupada porque había un hombre que continuamente se paraba frente a la boutique y permanecía todo el tiempo hasta que ella se retiraba. Eso sí me preocupó bastante, tal vez el tipo podía ser un desequilibrado mental y esperaría la primera oportunidad para hacer algo. No quería comentarlo con su familia para no preocuparlos, me pidió que yo tampoco lo hiciera; sugerí que le pidiera a Yolanda que la acompañara en sus pendientes para que no anduviera sola, me prometió que lo haría y tendría más cuidado.

X
El sueño de la moda

Teníamos poco más de dos años de conocernos, y yo estaba totalmente segura de que el afecto y el cariño de Selena eran de verdad, sobretodo porque ya no existía una relación de trabajo. Para este tiempo ya la conocía muy bien y ella también a mí, cada vez me sorprendía más su forma de ser.

Me sentía muy afortunada de tener cerca de mí a una persona como ella, que la mayor parte del tiempo estaba de excelente humor, era tan bromista, ocurrente y divertida que te alegraba el rato; si estabas triste te reconfortaba, si estabas feliz lo compartía contigo, si había problemas ponía todo de su parte para resolverlos; era una persona leal, sincera y muy honesta, agradecida y muy respetuosa; jamás criticaba ni juzgaba, mucho menos se burlaba de alguien; no toleraba la traición, la hipocresía, ni las mentiras y, lo mejor de todo, tenía un ángel y un don de gente tremendos; todo eso ayudaba mucho también en el aspecto profesional, pues a pesar del éxito que ya tenía no era una persona de poses, al contrario, su actitud siempre era humilde y atenta, por muy cansada que estuviera jamás dejó a una persona con la mano tendida por un autógrafo.

Durante días estuve dándole vueltas al asunto, me había quedado preocupada por lo que me contó y volví a pensar en la posibilidad de irme a Corpus Christi.

Ella tenía muchos planes a la vez, ya había registrado la marca "Selena" para sus propios diseños y además invitó a trabajar al diseñador Martín Gómez, quien haría diseños propios para otra marca, "Martín Gómez by Selena".

Desde que empezó a venir a Monterrey soñaba con tener su boutique aquí; cuando la llevaba a Galerías Monterrey veía los aparadores y cuando encontraba un local con buena ubicación me decía ilusionada: "me gustaría que estuviera aquí".

Después entendió que sería un poco complicado, pensó que era mejor introducir su ropa en alguna tienda departamental, le habían recomendado Salinas y Rocha, una tienda muy conocida en ese entonces, que ahora ya no existe.

A fines de agosto una reportera de *El Norte* me comentó que les gustaría hacer un reportaje de Selena en Corpus Christi sobre su faceta como empresaria. Lo comenté con el señor Flores porque eso implicaba autorización del papá de Selena; me pidió que lo arreglara yo y aprovechara para hacer algunos reportajes con otros grupos texanos con los que apenas empezábamos a trabajar.

Lo consulté con don Abraham y él quedó en que me avisarían para ver si era posible hacer el reportaje.

Pasaron los días, *El Norte* me preguntaba cuándo se iba a realizar el reportaje, pero yo no obtenía respuesta alguna. Decidí hablar directamente con Selena, consciente de que su papá podía enojarse conmigo. A ella le encantó la idea, más cuando le expliqué que sería muy bueno para el proyecto de su ropa en México. De inmediato me dijo "vente la próxima semana, estoy planeando un desfile de modas con mis diseños, y voy a hacer un casting para escoger a las modelos que me acompañarán, yo también voy a modelar".

Perfecto, rápida solución. Selena no estaba enterada de que yo había hablado primero con don Abraham, no le dije nada para evitar algún problema; pensé que don Abraham estaba tan encerrado en la carrera de Selena como cantante que, como padre, se olvidaba de compartir con ella uno de sus más importantes sueños a nivel profesional: desarrollar su propia marca de ropa y ser alguien en el mundo de la moda.

Ella solía decir que la música era su carrera profesional y la amaba, pero la moda era su verdadera pasión, tal vez por eso nunca se perdió entre la marea del ego, siempre mantuvo los pies bien puestos sobre la tierra y realmente nunca se dio cuenta de que se estaba convirtiendo en una verdadera estrella.

Finalmente, viajamos a Corpus Christi; llegamos a las instalaciones de Q Productions, donde estaban las nuevas oficinas de don Abraham, el estudio de grabación y el taller de Selena en el que se creaban y maquilaban sus diseños; ahí saludé nuevamente a Yolanda

Saldívar y Selena me presentó a Martín Gómez, su diseñador; hicimos un recorrido por todo el lugar y después me preguntó si quería conocer la boutique, en realidad se moría por presumírmela, así que fuimos de inmediato.

En la boutique, me dio mucho gusto ver colgado el cuadro que le había regalado unos meses antes con el reportaje que le publicó *El Norte* en la primera plana de espectáculos; también nos mostró los diseños y accesorios que vendían. También había dentro un salón de belleza, así que Selena pidió que nos pusieran uñas postizas iguales a las que ella usaba. Yo no estaba muy convencida de ponérmelas porque mis uñas naturales estaban muy bien y de buen tamaño, pero insistió y ya no me dio oportunidad de negarme, tomó un cortauñas y ella misma empezó a cortármelas, ahora me las tenía que poner; unos minutos después llegó otra de las empleadas para hacer el resto. Ésa es la única vez que me he puesto uñas postizas en toda mi vida.

Por la noche ella tuvo el casting con las modelos y al día siguiente nos volvimos a ver temprano para hacer otros reportajes, aunque con muy poco tiempo porque ella tenía que salir de la ciudad para sus presentaciones. Después de nuestro regreso, se publicaron los reportajes en *El Norte*, *El Sol* y *Metro*.

XI
Decidida a vivir en Corpus

Le hablé por teléfono para sugerirle que invitara a los medios de comunicación de Monterrey especializados en moda para cubrir el desfile que estaba organizando en Corpus Christi. Me respondió que Yolanda llamaría para saber cuántas invitaciones eran necesarias, y ella me las traería aprovechando que en semana y media regresaría para actuar nuevamente en la Feria de Monterrey.

Selena tenía muchos planes, quería tomar las riendas de su carrera y tomar sus propias decisiones. Me repitió que quería que estuviera con ella en Corpus, haciendo lo mismo que en Monterrey, pero solamente con ella; quería que me ocupara de todo lo relacionado con el desarrollo y la promoción de su carrera, como su manager personal. Me sorprendió un poco lo que me estaba diciendo, pregunté qué pasaría con su papá, que siempre había sido su manager. Aclaró que seguirían juntos, pero quería llegar a un acuerdo con él para que solamente se ocupara de organizar las giras.

Selena sentía que don Abraham a veces era muy duro y en ocasiones sus formas para tratar a la gente o a los medios de comunicación no eran las adecuadas; pero contrario a eso era muy bueno para la cuestión administrativa y la negociación con los empresarios, además de que él ya estaba muy cansado de tanto viajar y quería salir lo menos posible, por lo que su tío Isaac entraría a trabajar con ellos como su road manager.

Le dije que ya había tomado la decisión de irme a Corpus. Se alegró mucho, me dijo que no me arrepentiría, que ella iba a cuidar de mi y nada me faltaría. Yo estaba segura de que sería así.

Selena deseaba que me fuera cuanto antes, yo le pedí que me esperara al inicio del próximo año porque había mucho trabajo y no podía dejarlo todo de un día para otro; además se venía la primera gira de Bronco por Centro y Sudamérica; para mí era muy importante hacer ese recorrido, principalmente para conocer cómo se manejaban las cosas en aquellos países. Enero era un mes más tranquilo, el momento ideal para avisarle al señor Flores para que buscara a la persona que me reemplazaría.

A Selena le pareció mucho tiempo, pero no le quedó más remedio que estar de acuerdo, empezó a hacer planes, me dijo que cuando empezara a construir su nueva casa haría otra para mí al lado. Me encantó la idea, así podíamos estar juntas pero no revueltas, pero eso sería más adelante, al principio viviría en alguna casa o departamento cerca de ella.

Al día siguiente, Yolanda me llamó para ver lo de las invitaciones para el desfile de modas, y me confirmó que Selena las traería consigo para entregármelas.

La noche de su actuación en la feria entré al camerino instalado en la cancha del estadio de béisbol. Selena y Suzette estaban platicando con un grupo de personas que yo no conocía, Selena me presentó y enseguida nos retiramos a un sillón para platicar; eran conocidos de su tío, me señaló a uno de ellos y me dijo "ese señor es doctor, es cirujano plástico, vamos con él para que nos ponga bien bonitas", le dije que sí y bromeamos un poco sobre los "arreglos" que nos haríamos.

Selena realizó su show exitosamente, como siempre, aunque ahora estrenando integrantes en el grupo. Pete Astudillo había salido del grupo para hacer carrera como solista apoyado por don Abraham, así que ahora se habían integrado dos coristas nuevos, Dan y Freddy, este último fue integrante de los Barrio Boyz, con quien Selena había hecho el dueto "Dondequiera que estés", un éxito en Estados Unidos.

Al final del show me entregó las invitaciones para su desfile de modas y le confirmé que yo no asistiría porque se venía una fuerte racha de trabajo.

En ese tiempo se nos vino una carga de trabajo muy fuerte entre giras y eventos de promoción con Bronco, por lo que estuve saliendo de viaje constantemente, después llegó lo más pesado con la primer gira que realizamos por varios países de Centro y Sudamérica; sólo regresamos un día para asistir a la entrega de premios Furia Musical, en la que Selena conduciría un segmento junto con Ramiro de Bronco, y regresaríamos inmediatamente; ahí hablamos brevemente, me había llamado sin suerte, le recordé lo de la gira de Bronco y quedé en localizarla con más calma al regresar de Sudamérica.

La busqué hasta diciembre, días antes de su presentación en el Far West, donde ofreció su última actuación en Monterrey, por fin pudimos hablar aunque no como yo hubiese querido porque estaba con unas personas, le pregunté cómo iban las cosas, si había avanzado algo con lo de su línea de ropa, etcétera. Estaba muy contenta, me dijo que sentía que las cosas caminaban muy bien, realmente a mí me preocupaba con quienes estaba tratando, le pregunté si eran gente confiable que no tuvieran la intención de pasarse de listos, me dijo que no me preocupara, todo iba muy bien y ya me platicaría con más calma en Monterrey. Me tranquilizaba que Yolanda estuviera con ella. Quedamos de reunirnos directamente en el Far West para su show, y después de ahí cenaríamos con Chris para platicar un buen rato.

Realizaría dos presentaciones, una el jueves 22 y la otra el viernes 23 de diciembre. Yo sólo podía asistir a la primera, porque al siguiente día era la posada de Representaciones Apodaca. Selena tuvo algunas actividades de promoción durante el día, pero yo la vería hasta la noche; sin embargo, para mi sorpresa, ya tarde, el señor Flores me dio la indicación de que no me presentara en el Far West.

Quedé un poco desconcertada, yo no me esperaba eso, él nunca me había prohibido que me reuniera con Selena pero ahora la situación parecía muy diferente.

Don Abraham le había vendido la fecha al dueño del Far West, con quien el señor Flores no quería trabajar, así que yo, como empleada de Representaciones Apodaca, no me podía presentar.

Cuando veía a Selena yo no iba de parte de la oficina. Pero esa ocasión estaba en un dilema porque se atravesaba una cuestión de trabajo, lo pensé bien y decidí no ir para evitar problemas, confiada, además, en que Selena lo entendería.

Más tarde la llamé al hotel para comentarle, y me topé con la novedad de que no podían pasar la llamada a la habitación; pregunté por don Abraham y resulta que no los acompañó, la orden en la recepción era que todas las llamadas tenían que pasarlas a la habitación de Isaac Quintanilla, el hermano de don Abraham; pedí que me comunicaran con él para que autorizara la llamada con Selena, mas nunca contestaron en su habitación.

Volví a insistir un poco más tarde y tampoco contestaron, entonces me identifiqué con la persona de la recepción, aclarándole que nadie respondía con el tío Isaac y me urgía localizarlos; como le pareció familiar mi nombre, accedió a marcar directamente a la habitación de Selena, pero tampoco contestaron; probamos en la de Suzzette, pero nadie respondió. Al parecer, habían salido ya al show. ¿Cómo le avisaría a Selena?

En ese tiempo apenas empezaba la comercialización de los celulares, yo acababa de adquirir el mío unos cinco días antes, pero no tenía el número del celular de Selena. Pensé en llamar a Yolanda para que me ayudara a localizarla pero ya era un poco tarde y terminé por desechar la idea. Decidí que lo mejor era localizarla al día siguiente para explicarle.

El día estuvo muy agitado porque ya empezaban las vacaciones de Navidad, traté de localizarla en la tarde y me dijeron que había salido, después con lo de la posada ya no tuve oportunidad de volver a llamar y desafortunadamente un día después tenía que salir temprano de la ciudad.

Me quedé inquieta porque sabía que me estaría esperando y para ese tipo de cosas era tan delicada como un jarrito de Tlaquepaque, bastante sensible, seguramente pensaría que yo estaba molesta con ella o que ya no me importaba, quién sabe qué se le ocurriría.

Recordé lo que sucedió unos meses antes, en un evento donde también actuaban otros grupos. Hubo un momento en el que se suscitaron varios problemas, una vez que los arreglamos fui un rato a refugiarme al autobús de Selena para tomar un poco de aire; yo estaba un poco distraída, cuando de repente Selena se sentó a mi lado y me preguntó si estaba enojada con ella, me desconcertó su pregunta. "Es que estás muy seria conmigo" me dijo. "No —le respondí—, es que hubo problemas y todavía estoy pensando en eso." Me abrazó, me dio un beso en la frente y preguntó si podía ayudarme en algo. Se lo agradecí y le aclaré que ya todo estaba arreglado. "Si algún día te enojas conmigo, dímelo, yo no quiero que te enojes conmigo." Para mí realmente sería muy difícil enojarme con ella, por su carácter y porque jamás daba motivos, todo lo contrario.

Días después traté de localizarla en su casa, marqué en varias ocasiones durante el día y nunca contestaron, seguramente estaban fuera de la ciudad.

En enero de 1995 recibimos una noticia increíble, al menos para mí. Se publicó una nota de la oficina de prensa de Serca, la empresa del señor Servando Cano, que también representa grupos y siempre ha tenido cierta rivalidad con Representaciones Apodaca, en la que se declaraba que Selena empezaría a trabajar con ellos, y que ya tenían programadas algunas fechas, incluso hablaban de la producción espectacular con la que actuaría; los medios de comunicación estaban esperando a que regresáramos de vacaciones para saber nuestra posición al respecto.

Algunos meses antes el señor Cano había hecho algunas declaraciones en torno a que Selena empezaría a trabajar con él, justo en alguna fecha en que ella estaba en Monterrey. Aquella ocasión yo no había visto la nota publicada, pero cuando llegué por Selena a su habitación inmediatamente fue por el periódico y me preguntó qué quería decir "con dinero baila el perro". "Pues que una persona por dinero es capaz de hacer cualquier cosa." Tras la explicación, quise saber por qué preguntaba. Me mostró la nota donde el señor Cano declaraba que muy pronto Selena trabajaría con él, porque "con dinero baila el perro". Selena se enojó muchísimo. "¡Qué se cree este señor!... ¡¿Por qué dice eso?¡.... ¡Ni siquiera me conoce¡... ¡Yo nunca voy a trabajar con él!"

Intenté tranquilizarla, le dije que quizá sólo lo había dicho para molestar al señor Flores, que así se llevaban ellos, en ocasiones eran como dos niños que siempre tratan de demostrar quién puede más.

Se quedó callada por un momento pero el enojo no se le bajaba. "¡Pues yo nunca voy a trabajar con ese señor, y si mi papá hace tratos con él, yo no voy a ir!" Ésa fue una de las pocas veces en que la vi realmente muy enojada, y cuando Selena decía que haría algo o que no lo haría, así sería.

Con ese antecedente, al leer esas declaraciones yo sabía que eso no era posible, y aunque don Abraham hubiera hecho tratos con el señor Cano, Selena no lo permitiría, y basada en esto declaré ante los medios que no creía que eso fuera posible, sin comentar lo que Selena me había dicho.

A fines de enero volví a hablar con ella. Lo primero que hizo fue reclamarme por no haberme reunido con ella en el Far West, sabía que iba a estar un poco sentida conmigo, pero en ese momento ya ni me acordaba de eso. Me dijo que estuvo esperándome y me sentí un poco mal cuando me preguntó si ya no la quería, le dejé en claro que sí la quería y le expliqué que surgieron algunos inconvenientes con la posada de la oficina, preferí no decirle que el señor Flores me prohibió asistir.

Realmente yo sólo la llamé para saber si asistiría a los Tejano Music Awards. Me dijo que en ese momento no sabía, pero lo más probable era que no; dejamos de hablar porque estaba a punto de salir, pero me dijo que haría lo posible por asistir.

XII
Una llamada alarmante

Nos volvimos a ver hasta la entrega de los Tejano Music Awards, en la ciudad de San Antonio, el Sábado 11 de febrero de 1995. Nos acompañaron algunos medios de comunicación de Monterrey por lo que al llegar al Alamodome nos dirigimos inmediatamente a la sala de prensa, estuve ahí unos minutos mientras se instalaban y después bajé a las mesas donde estaban sentados los artistas y el personal de las compañías disqueras. En el camino me encontré con un reportero que acababa de ver a Selena y me la señaló; yo pensé que no asistiría, me dirigí a su mesa para saludarla, nos abrazamos efusivamente; como había mucho ruido por lo de la premiación, me dijo al oído que probablemente la siguiente semana viajaría a Monterrey, pero no estaba segura, y quería que comiéramos juntas.

—Quiero que comamos juntas, sólo tú y yo, después quiero que estés conmigo todo el tiempo.

—¿Por qué? ¿Qué vas a hacer?

—Tengo que arreglar varias cosas —respondió—, hay algo que no me gusta, pero primero necesito explicarte despacio, para que entiendas, quiero que me digas que piensas.

—¿Crees que te están robando? —le pregunté preocupada.

—No, no se trata de eso, eso está bien.

—Entonces, ¿de qué se trata? —insistí.

—¿Cómo es la palabra cuando no estás bien con una persona?

—¿Molesta?

—No, es cuando estás bien con una persona y después hace algo que no te gusta y ya no estás bien.

—Decepcionada.

—No, una vez me dijiste esa palabra, no era fácil para mí.

—Incómoda.

—Sí, ésa es la palabra.

—¿Te sientes incómoda con gente de Monterrey?

—Sí, por eso quiero que estés conmigo todo el tiempo, dile a Óscar que yo te lo pedí, él no se va a enojar.

—Ok, por eso no hay problema, no va a decir que no, ¿qué día vas?

—No lo sé, quizá la próxima semana o la siguiente, pero necesito ir para arreglar eso y otras cosas más, y no quiero cometer un error.

—Está bien, yo puedo estar contigo, pero necesito que me avises con tiempo, el problema es que la próxima semana tengo que ir a México, y probablemente no voy a estar cuando tu vayas.

—Es que necesito que estés conmigo —insistió.

—¿Vas a ir sola? ¿No te va a acompañar Yolanda?

—No lo sé, pero aunque ella vaya quiero que tú estés conmigo, necesito que me digas lo que piensas...

—¿Y Chris? ¿Por qué no te acompaña él?

—No, él no va.

—¿Por qué? ¿Tienes problemas con él?

—¡No, no! Estamos muy bien, tú sabes.

—Pues entonces no entiendo qué pasa...

—Lo sé, por eso necesito explicarte, pero con calma, no aquí.

En eso una persona de la disquera la llamó porque estaban mencionando una terna en la que estaba incluida, ya no pudimos seguir hablando, le dije que estaría en el área de prensa y más tarde volvería a buscarla. Esa noche Selena ganó todos los premios en los que estaba nominada.

Al terminar la premiación la gente de la disquera nos invitó a cenar a un restaurante para festejar con Selena y otros artistas de la compañía, también fueron los medios de comunicación de Monterrey. Selena realizó varias entrevistas, le tomaron algunas fotos y estuvo platicando y bromeando con algunas personas, de repente vino hacia donde yo estaba, me retiró un poco de la gente y muy emocionada me dijo en voz baja al oído:

—Ya voy a tener un bebé.

—¡Queeeé! —me emocioné creyendo que estaba embarazada, y se lo pregunté.

—¡No! Aún no, pero espero estarlo muy pronto, Chris va a estar feliz.

—¿Ahora sí estás bien segura?

—Sí, ya no quiero esperar, quiero tener mi bebé, tú sabes, yo te había dicho.

—Sí, pero no imaginé que justo ahora, con todo lo que viene, la ropa, el disco en inglés, la promoción. Le va a dar el ataque a la disquera —respondí un tanto sorprendida y a la vez preocupada.

—No te preocupes, yo puedo con todo, pero te necesito conmigo ya, pronto, ya tienes que hablar con Óscar, quiero que estés en Corpus, conmigo, que viajes conmigo, todo eso, tú sabes, quiero que ya empieces a ver mis cosas.

—Está bien, ahora sí te puedo decir que ya estoy lista, pero de eso hablamos ahora que nos veamos en Monterrey para ponernos de acuerdo.

Apenas estaba terminando de decir eso, cuando de repente pone cara de asombro y muy seria me dice:

—Tienes un moco.

—No es cierto, estás bromeando —ya conocía sus juegos.

—No, es verdad, está muy grande, tienes que quitarlo, se ve muy mal.

—No te creo, estás jugando.

—No, no es broma, ahí está, sácalo —me lo decía tan seria que pensé que tal vez era verdad, pero no me atrevía a meter un dedo en mi nariz con toda esa gente.

—Necesito un espejo.

—¿Quieres que te lo quite yo? —preguntó.

—¡Noooo! ¿Cómo crees? Allá hay un espejo —me dirigí al muro donde estaba el espejo y ella caminó detrás para ver qué hacía, según yo muy despistada, empecé a checarme. Claro que no tenía nada, se empezó a reír y me abrazó.

—¡Caíste!

—Pues yo no te quería decir pero tu traes "perro", y así subiste a recoger todos los premios.

—Pues sácalo —me dice riéndose, al tiempo que se voltea y me pone sus pompis... Definitivamente no tenía remedio.

A la siguiente semana Selena viajó a Monterrey y sucedió justo lo que me temía: como no estaba en la ciudad, no pudimos vernos. Me sentía inquieta por lo que hablamos en San Antonio, así que a mi regreso la llamé esperando que me pudiera explicar lo que sucedía. Me dijo que en ese momento no podía hablar porque estaba por salir al aeropuerto, de hecho se escuchaba que la estaban llamando, me pidió de favor que la buscara sin falta el martes siguiente porque le urgía hablar conmigo cuanto antes, me insistió en que la llamara ese día porque volvería a salir de viaje.

No pude hacerlo ese día porque tuve algunas actividades de promoción fuera de la oficina, intenté localizarla después sin éxito, luego yo también salí de viaje y así pasaron varios días.

Regresé a Monterrey con la idea de localizarla por fin, durante la semana anterior a su muerte le marqué algunas tres o cuatro veces a su casa sin obtener respuesta, supuse que estaría de viaje, por lo que decidí llamar directamente a Q Productions con Yolanda Saldívar. Muy amable, como siempre, me dijo que efectivamente Selena estaba en Nashville por la grabación del disco en inglés, y que regresaría hasta el martes. Me preguntó si era urgente para enviarle un mensaje, le dije que no, que yo la buscaría el miércoles, esto es, dos días antes de su muerte.

Aunque ese miércoles y jueves previos a la tragedia estuve saturada de trabajo, siempre tuve en mente que tenía que llamarle, pero simplemente no hubo un momento en que pudiera hacerlo, supongo que Yolanda no le comentó que había estado buscándola.

El viernes 31 de marzo tuve actividades de promoción por la mañana y el resto del día pintaba para estar más tranquilo. El señor Flores viajó temprano a Nueva York, así que después de bastante ajetreo por fin iba a tener un fin de semana tranquilo para mí en Monterrey.

Regresé a la oficina con la firme intención de llamar a Selena y no parar hasta localizarla, eran como las once y media de la mañana, estaba checando unos pendientes cuando recibí la llamada de Marisol, la secretaria de la oficina de Representaciones Apodaca en Houston. Me dijo un tanto alarmada que en la radio estaban diciendo que le habían disparado a Selena. "Están diciendo que una señora le disparó a Selena afuera de un restaurante." Le pedí que se tranquilizara, seguramente era una broma, como ya había sucedido en dos ocasiones anteriores, cuando corrió el rumor en algunos medios de que Selena había tenido un accidente, lo que era falso.

Le dije que en ese momento llamaría a Selena para asegurarme de que era una broma de algún locutor, después de esto me comunicaría con ella para que estuviera tranquila.

XIII
La noticia trágica

Pedí a la secretaria que marcara a casa de Selena, pero no contestaron; le dije que marcara a la oficina de don Abraham y tomó la llamada Pete, quien en ese tiempo manejaba el departamento de marketing en Q Productions.

—Hola Pete, soy Cristina Castrellón, de Monterrey, ¿está don Abraham?

—No, fue al hospital, es que balacearon a Selena. Un momento...

Me lo dijo de modo tan repentino que sentí que la sangre se me fue de golpe a los talones, me tuve que sostener del escritorio. Mientras esperaba en la línea pensaba "le dispararon pero se va a recuperar, me voy a Corpus hoy mismo, puedo quedarme todo el fin de semana para estar con ella, seguro sale pronto del hospital". Mientras esperaba en la línea pensaba si me iría en avión o por tierra. Pasaron alrededor de unos cinco minutos y Pete tomó nuevamente el teléfono para decirme:

—Cristina, parece que Selena acaba de fallecer...

Me quedé sin habla, impactada. Sentí que me iba a desmayar, me dejé caer en la silla y colgué sin decir nada más. Eso no era posible. Selena no podía morir. Además, Pete dijo *parece*, eso significaba que no estaba totalmente seguro, me aferré con todo mi corazón a esa palabra tan esperanzadora. Nunca en toda mi vida había tenido tanto significado para mí, era la diferencia entre la vida y la muerte de Selena.

Estuve unos minutos en shock, repitiéndome que Selena no podía estar muerta y tratando de convencerme de que Pete seguramente estaba equivocado, aferrada a eso me levanté rápido y fui con la secretaria.

—¿Qué pasó? —me preguntó.

—Me dijo que *parece* que Selena murió, pero eso no puede ser, vuelve a marcar a la oficina de don Abraham, pero ahora pregunta por Yolanda Saldívar, ella tiene que saber que fue lo que pasó exactamente.

Apenas acababa de decir eso, cuando pensé que seguramente Yolanda estaría en el hospital con Selena, y le dije que mejor marcara a casa de AB, para ver si todavía lo encontraba...

Efectivamente, AB estaba en su casa, y también se había enterado unos momentos antes de que Selena había fallecido.

—AB, ¿cómo está Selena? —pregunté angustiada.

—Murió... mi hermana se murió... —habló de una manera tan pausada, como si tratara de entenderlo él mismo.

—AB, no me digas eso, dime que no es cierto —me sentía sin fuerza ni siquiera podía seguir hablando.

—Sí, mi hermanita se murió. Selena está muerta...

Me sentía totalmente derrumbada, confundida, el desahogo inmediato fueron las lágrimas.

—¿Por qué? ¿Qué fue lo que pasó? ¿Quién la mató?

—Yolanda Saldívar, la de los clubs de fans.

—¡¡¡Yolanda!!! No puede ser... ¿Por qué?

—Porque está loca, mi papá descubrió un fraude. Estaba robando a Selena y la mató.

—AB, ahora mismo salgo para Corpus.

—Ok, te esperamos.

Colgué y me derrumbé totalmente sobre mi escritorio, me sentía muy mal, lloré como no lo había hecho en toda mi vida, nunca había sentido un dolor tan grande, sentía que el pecho se me iba a reventar, así estuve por un buen rato, tratando de asimilar que Selena ya no estaba viva.

Eran como las dos de la tarde cuando tuve que enfrentar la otra realidad. Entró una de las secretarias para comentarme que afuera estaban los medios de comunicación reunidos, pero ellas al verme tan mal tomaron la decisión de decirles que yo no estaba; los reporteros insistían en que no se moverían de ahí hasta que yo regresara, necesitaban confirmar la muerte de Selena.

Comprendí que debía recibirlos, era mi responsabilidad, pero al mismo tiempo era lo que menos deseaba en ese momento. Pedí que los hicieran pasar en diez minutos, necesitaba tiempo para tratar de reponerme un poco. Entró el grupo de reporteros y solamente confirmé la muerte de Selena, decidí no hablar sobre el resto de mi conversación con AB ni dar a conocer el nombre de la mujer que le quitó la vida. Consideré que lo más prudente era que lo hicieran las autoridades o la propia familia de Selena.

Atendí varias llamadas telefónicas de medios de comunicación del Distrito Federal así como la llamada del señor Flores, que se estaba enterando por la televisión, le confirmé la noticia y tomó el primer avión a Corpus Christi.

Ya estaba la secretaria consiguiéndome el primer vuelo a Corpus, pero llegaría hasta la noche siguiente. Estaba desesperada, quería salir cuanto antes, pensé en viajar por tierra y en eso recibí la llamada de una amiga reportera de *El Norte*, avisándome que saldrían para Corpus Christi varias reporteras, viajarían en el auto de una de ellas y quedaba un lugar disponible. Me preguntó si quería viajar con ellas, mi respuesta fue inmediata, solo les pedí que me dieran un poco de tiempo de ir a mi casa por algo de ropa, la visa y el pasaporte.

Salimos a media tarde y llegamos por la madrugada. Desde ese momento ellas empezaron su labor buscando información y yo, por mi parte, trataba de localizar a alguien de la familia llamando a casa de Selena, esperando encontrar a Chris, y a casa de AB, sin obtener respuesta en ningún lado.

Las periodistas iban de un lado a otro tratando de indagar sin éxito dónde se realizaría el servicio funerario, hasta que decidimos ir al hotel a descansar un rato antes de continuar con la búsqueda.

Por la mañana seguí intentando localizar a AB o a Chris sin conseguirlo, mis amigas reporteras decidieron ir a casa de Selena, era mediodía; cuando llegamos había un grupo de fans fuera de la casa y la barda lucía una buena cantidad de mensajes que la gente había colocado.

Caminé hacia la casa de don Abraham, ya que tanto su casa como la de AB estaban junto a la de Selena. Mientras me dirigía hacia allá vi a Chris saliendo de su casa, lo llamé e inmediatamente se dirigió para abrazarme muy fuerte, no necesitamos hablar para saber el dolor que sentíamos, le dije que quería verla, me abrazó más fuerte y me dijo que sería posible hasta en la noche, en los servicios funerarios.

Me comentó que solo había ido por un poco de ropa para la ceremonia privada que se llevaría a cabo en la noche, quedamos de vernos ahí, fue una verdadera casualidad que me encontrara con él.

Para mí eran momentos muy difíciles, la gente en Corpus Christi estaba conmocionada, no se hablaba de otra cosa que la muerte de Selena, en la calle, hoteles, restaurantes; empezó a llegar gente de otras partes del país, y la mayoría de los autos y camionetas mostraban mensajes de dolor o portaban un moño negro en señal de luto. Selena era una persona muy querida, un ícono de Corpus Christi, la gente mostraba su dolor, su indignación y su rabia hacia Yolanda Saldívar, la mujer que la había asesinado.

Desde que se dio a conocer la trágica noticia, muchas estaciones de radio tocaron la música de Selena todo el tiempo, la gente sabía que Selena había sido asesinada por la presidenta de su club de fans, a quien contrató como su asistente unos meses antes, poniéndola al frente de sus boutiques.

Los medios de comunicación especulaban mucho sobre lo ocurrido entre ellas en la habitación 158 del Motel Days Inn, donde Yolanda se encontraba hospedada, y especulaban también sobre cuáles eran las razones que la habían llevado a disparar.

Según las investigaciones, esa mañana Yolanda llamó a Selena para pedirle que fuese al hotel con el engaño de que había sido violada durante su reciente viaje a Monterrey.

Selena fue al hotel sola, y llevó a Yolanda al hospital para que la revisaran. El diagnóstico indicó que no había sufrido una violación. Regresaron al hotel y, después de discutir durante varios minutos, Yolanda le disparó.

Herida de muerte, Selena llegó a la recepción para pedir ayuda, antes de perder el conocimiento alcanzó a decir el nombre de la persona que le había disparado. Fue llevada de inmediato en una ambulancia al hospital Memorial Medical Center, donde le aplicaron una transfusión sanguínea, pero ya no había nada que hacer. Fue declarada oficialmente muerta a las 13:05 hrs. en la sala de operaciones del hospital Memorial Medical Center.

Tenía tan solo veintitrés años de edad y en dos semanas cumpliría los veinticuatro, y en ese momento estaba a tan solo dos días de cumplir tres años de matrimonio con Chris.

XIV
La despedida

Después de dispararle, Yolanda Saldívar se atrincheró en su camioneta estacionada frente al hotel y mantuvo a raya a la policía amenazando con suicidarse con la misma pistola con la que horas antes asesinó a Selena, finalmente fue capturada a las 21:32 hrs.

El hotel se convirtió en un ir y venir de personas que querían ver la habitación y hacer el mismo recorrido que Selena realizó hasta la recepción, para ver el lugar donde finalmente cayó.

Los medios de comunicación anunciaron que el domingo se haría un funeral público en el Bayfront Convention Center, lugar que ahora lleva el nombre de Selena, y desde ese momento la gente empezó a prepararse.

La noche del sábado primero de abril llegamos al funeral privado. Había mucha gente, aunque sólo allegados a la familia. Vi a don Abraham y a Suzzette afuera, entre la gente, pero nos fuimos directo a la capilla.

Sólo hasta tenerla frente a mí pude empezar a comprender que era verdad... aunque sabía que era verdad... Durante todo ese tiempo guardaba dentro

118

de mí la esperanza de que en cualquier momento alguien dijera que había sido un error, que Selena estaba viva, que habían podido salvarla.

La veía con su carita tan serena que parecía estar dormida, yo le suplicaba insistentemente con el pensamiento que despertara. "Despierta, por favor, despierta, abre los ojos, no puedes estar muerta, por favor abre los ojos". Y yo de verdad esperaba que pudiera suceder algo, un milagro tal vez... pero no sucedía nada... no iba a suceder nada.

La observé detenidamente, era la última vez que la vería, con ese churrito en la frente que tanto le gustaba hacerse, vestía el traje morado con el que la había visto llena de vida por última vez en San Antonio, en los Texano Music Awards. Ése era su color favorito, y en aquella ocasión no desaprovechó la oportunidad para hacerme una última broma; ahora la veía nuevamente con ese traje, pero ahora sí, ésta sería definitivamente la última vez.

Sentí el impulso de tocarla, de abrazarla, hubiera podido hacerlo ya que el féretro no tenía cristal, pero deseché la idea, no quise tener la sensación de su cuerpo frío, decidí quedarme con la calidez de su cuerpo cuando me abrazaba en vida.

Además de la devastación emocional me sentía mal físicamente, tenía ganas de salir corriendo. Decidí que no me quedaría a su sepelio, eso implicaba estar dos días más en Corpus y yo sentía que ya no podía.

El domingo acompañé a las periodistas que iban a cubrir el funeral público en el centro de convenciones y mientras ellas hacían su trabajo yo decidí integrarme a la enorme fila de fans, quería ponerme por un momento en el lugar de ellos que esperaban con ansia verla por última vez; pasé junto con ellos frente al féretro y pude escuchar algunos de sus comentarios, varios de ellos entre lágrimas; hablaban de lo mucho que la admiraban y querían, de cómo, de una u otra manera, había influido en sus vidas.

El cuerpo de Selena reposaba en un ataúd de color oscuro colocado al frente de ese gran salón, rodeado de un gran número de arreglos de flores blancas.

Más temprano, las primeras personas que empezaron a desfilar se llevaron la sorpresa de que el ataúd estaba cerrado, empezó el descontento y el rumor de que era mentira que Selena estuviera muerta, pensaban que el ataúd estaba vacío.

El rumor corrió rápidamente por toda la ciudad y las protestas del público no se hicieron esperar. Creían que estaban siendo engañados. Don Abraham, se vio en la necesidad de abrir el ataúd para que los fans pudieran verla por última vez.

La fila era interminable, durante todo el día desfilaron miles y miles de personas que querían darle un último adiós.

Por su parte, desde su captura Yolanda Saldívar fue recluida en la cárcel, aunque como medida de precaución las autoridades decidieron aislarla y mantenerla en custodia permanente, temerosos de que los propios reos quisieran hacerle daño, o incluso matarla.

Por la tarde regresé a Monterrey con los amigos de la disquera EMI Capitol, que me dieron cabida en su auto. El simple hecho de salir de Corpus Christi me hizo sentir mejor, durante el trayecto, ya más tranquila, mis pensamientos giraban en torno a las razones de por qué Yolanda Saldívar la había asesinado.

Yo la había tratado en varias ocasiones, me parecía una persona amable y servicial. ¿Qué la había orillado a hacer lo que hizo? Parecía incapaz de hacer algo así, incapaz de defraudar la confianza de Selena, mucho menos asesinarla.

Llegamos a Monterrey y el lunes 3 de abril, mientras Selena era sepultada a las diez de la mañana en el Seaside Funeral Park de Corpus Christi, yo volaba al puerto de Veracruz. Pensaba mucho en Chris, su esposo, justo el día en que la estaban velando deberían estar festejando su tercer aniversario de matrimonio. Si mi dolor era tan grande, no podía ni siquiera imaginar lo que él estaba sintiendo, perder a la persona que amaba seguramente era lo más espantoso que le había pasado en su vida.

También pensaba en la señora Marcela, su mamá, deshecha totalmente. Más allá del lazo madre-hija, eran grandes amigas, y cómplice de Selena en muchas de sus ocurrencias. En su hermano AB, que la adoraba, se divertían tanto juntos cuando jugaban o bromeaban sobre algo, eran como decimos "uña y mugre", se integraban muy bien como hermanos y en todo lo relacionado con la música, tampoco podía dimensionar su dolor.

Su papá, don Abraham, ese hombre duro, de temperamento fuerte, seguramente todavía no asimilaba que su hija había muerto, en algún momento se derrumbaría.

Su hermana Suzette, siempre junto a ella… Tampoco podía imaginar su dolor, todos los Quintanilla eran una familia muy unida y la tragedia había llegado a ellos. Les esperaban días difíciles, como lo eran para todos los que de una u otra forma la conocimos, algunos un poco más y otros un poco menos, pero todos quedamos marcados de por vida por ese cariño a Selena.

Llegué a Veracruz, creyendo que mi estancia en ese hermoso puerto me haría sentir mejor. Dentro de todo lo malo que estaba viviendo, había algo bueno, si puedo decirlo así: estábamos en el lanzamiento del nuevo disco de Bronco y eso implicaba mucho trabajo, lo que al menos me mantendría muy ocupada para no estar pensando todo el tiempo en la tragedia.

Al menos eso creí que sucedería, pero en cuanto me reuní con la gente de la disquera y del grupo empezaron los comentarios y las preguntas. Buscaba la fortaleza para no llorar.

Lupe y Ramiro eran los más angustiados por saber qué había sucedido, en el momento de la muerte de Selena ellos realizaban una gira por el sureste del país y viajaban de una ciudad a otra por carretera, así que no pudieron enterarse inmediatamente de lo sucedido. Estaban consternados, no lo podían creer, ellos llevaban una buena relación con Selena y ella los apreciaba de verdad, y la pregunta que me hacían con más insistencia era la misma que todos nos hacíamos: ¿por qué la mató? Pero nadie más que Yolanda Saldívar sabe sus razones.

Lupe se retiró un momento y Ramiro y yo nos quedamos hablando sobre lo mismo. Me dijo que me veía más delgada; efectivamente, casi no había probado bocado durante esos días, no podía...

Regresamos a Monterrey, los días se convertían en algo interminable, los medios de comunicación estaban saturados de noticias sobre Selena, era muy difícil no pensar en eso.

La información sobre Yolanda Saldívar también empezó a llenar los tabloides. La gente supo que la asesina de Selena era una persona de treinta y cuatro años, originaria de San Antonio, Texas, enfermera de profesión, con antecedentes penales; que fundó el primer club de fans de Selena y, por consiguiente, se convirtió en la presidenta de los clubes que surgieron después; poco a poco se introdujo a la familia Quintanilla ganándose su confianza, hasta que Selena la convirtió en su asistente y le dio el manejo de una de sus boutiques.

Por otra parte, la muerte de Selena se convirtió en un fenómeno social muy importante, la venta de sus discos se disparó a niveles insospechados, llegando a compararse con lo sucedido tras la muerte de Elvis Presley, incluso el ex presidente de los Estados Unidos, George W. Bush, siendo aún gobernador del estado de Texas, proclamó el 16 de abril, fecha del nacimiento de Selena, como el "Día de Selena en Texas".

En su proclamación, George W. Bush declaró que Selena era un modelo a seguir que inspiró a millones de personas, rompiendo todas las barreras étnicas y culturales, de edad y de idioma, destacando además su firme creencia en los valores familiares y su apoyo a los programas contra el consumo de drogas y la prevención del sida.

El día en que Selena hubiera cumplido veinticuatro años, los clubes de fans de Monterrey organizaron una marcha para recordarla, inició en el Palacio Municipal y terminó en la Basílica de Guadalupe, donde se ofreció una misa en su honor.

Lupe Esparza, el vocalista de Bronco, se unió a la marcha y realizó todo el recorrido escuchando las canciones de Selena que los fans interpretaron. Creo que fue su forma de despedirse de Selena, ya que no pudo estar en su funeral.

XV
Un gran dolor

Por esos mismos días recibí una llamada un tanto extraña, me dijo la secretaria que en la línea estaba una señora solicitando hablar conmigo para comentarme que su hija había visto a Selena, que se le había aparecido.

Dudé en tomar la llamada, pensé que seguramente esta niña era muy fan de Selena y se resista a creer que había muerto, probablemente la había soñado y fantaseaba con la idea de que se le aparecía.

Lo pensé por unos instantes y finalmente tomé la llamada; la señora me pedía que fuera a verla a su casa porque la niña quería verme y hablar conmigo. Me lo dijo con tanta seguridad que me pregunté porqué no, vamos a checar de qué se trata esto, y acepté.

Al día siguiente me presenté en su casa, y la niña me repitió que había visto a Selena. Pregunté si estaba segura y me respondió que sí; escribí algunas preguntas en un papel, eran preguntas personales sobre Selena y no había manera de saber las respuestas, eran cosas que no se habían publicado en los medios; le pedí que la próxima vez que se le apareciera le hiciera esas preguntas y anotara las respuestas, y en cuanto esto sucediera me llamara de nuevo. Pero pasó el tiempo y jamás me llamó. Concluí que la niña había fantaseado.

Desde que Selena murió yo me sentía en cierta forma culpable de su muerte, y no dejaba de recriminarme. "Si hubiera estado con ella tal vez ahorita estaría viva." Me había pedido varias veces que me fuera a trabajar con ella, pero para mí no era fácil dejar México e irme a vivir a Estados Unidos, ahora yo misma no dejaba de recriminarme por qué no lo había hecho.

El sentimiento de culpa no me dejaba en paz, sentí la profunda necesidad de regresar a Corpus Christi, quería estar con la familia de una manera más tranquila, sin medios de comunicación ni tanta gente alrededor. Decidí que sería el siguiente fin de semana ya que no saldría de viaje con Bronco, tal vez no tendría otra oportunidad cercana.

Una de mis amigas me acompañó, nos fuimos por carretera el viernes, llegamos en la noche y el sábado por la tarde al primero que llamé fue a AB. Se alegró de saber que estaba en Corpus, me dijo que fuera a la boutique, Suzzette estaba ahí y él iba para allá.

Al llegar, los recuerdos invadieron mi mente. Charlé con Suzzette y a los pocos minutos llegó AB. Don Abraham, al saber que estábamos reunidos, les pidió que fuéramos a Q Productions.

Ahí se encontraba la señora Marcela, y las cosas se dieron como yo quería, sin gente extraña y ya todos mucho más tranquilos, aunque unidos por ese gran dolor.

Don Abraham sacó unas cajas y me mostró algunos de los cheques y documentos con los que Yolanda Saldívar hizo malos manejos de la boutique. Hablamos un poco sobre lo sucedido.

A los pocos minutos AB me llamó al estudio para que escuchara una de las canciones que formarían parte del nuevo disco de Selena, el que ya no pudo terminar.

Me dijo "escucha esto" mientras me ponía unos audífonos. Era la voz de Selena interpretando una canción, sin música, sólo su voz, podía escuchar perfectamente bien su respiración, empecé a llorar, la estaba escuchando respirar, era tan increíble escucharla respirar, así, de una manera tan clara, tan viva, me impactó mucho, era algo que ya no existía más y la podía escuchar de nuevo, deseé con todo mi corazón que todo hubiese sido solo un mal sueño…

Salimos del estudio y don Abraham nos invitó a cenar. Fuimos él, la señora Marcela, mi amiga y yo. Todo ese tiempo estuvimos recordando a Selena, las cosas que hacía y sus inseparables bromas, y recordamos cuando le hicimos creer que no me había gustado su nuevo disco, volvimos a reír.

Después fuimos a casa de Suzzette y en el trayecto la señora Marcela me hizo un comentario que me hizo comprender aún más el dolor por el que Chris pasaba. Dijo que él no permitía que alguien entrara a la casa en la que vivió con Selena, quería que todo estuviera tal y como ella lo había dejado, no quería que entraran a hacer la limpieza, ni que barrieran, ni movieran nada, y tampoco quería comer... Le dije que tenían que sacarlo de ahí, de lo contrario él también se iba a morir.

Para cambiar un poco de tónica, don Abraham nos puso las cuatro canciones en inglés que Selena terminó de grabar y que formarían parte de su primer álbum totalmente en inglés. La compañía disquera esperaba que con este álbum Selena conquistara al mercado anglosajón, que le permitiría a su vez viajar al resto de el mundo con su música.

Esto representaba la primera parte de uno de los sueños más importantes de Selena, el de conquistar al público anglo y lograr que ese público voltera a escuchar su música en español al puro estilo de la cumbia y el Tex-Mex.

Aunque ese era uno de sus más grandes sueños, también representaba uno de sus más grandes temores, le inquietaba la posibilidad de ser rechazada; aunque después de escuchar esas canciones solo había que vaticinar un éxito.

Ya en casa de Suzette llegó Ricky, el tecladista de Los Dinos, junto con otros amigos del grupo. Más tarde llegó Chris y de verdad me sentí feliz de estar con todos ellos, como en los viejos tiempos, sólo nos faltaba Selena, aunque seguramente ahí estaba con nosotros.

XVI
Un suceso muy extraño

No pasaba un día en que no se publicara o se comentara algo en los medios acerca de Selena. Yo viajaba constantemente con Bronco, que para ese tiempo ya era considerado el grupo más importante de la música popular en México, Estados Unidos y Latinoamérica. Recorrimos varias ciudades de México, después fuimos a Puerto Rico para presentar su nuevo disco, y por último al Festival Acapulco.

Uno de esos días en que salí agotada de la oficina y dispuesta a dormir temprano, me sucedió algo muy extraño. Llegué a mi casa, entré directo a mi recámara, aventé la bolsa, encendí la televisión y me dejé caer de espaldas en la cama. No habían pasado ni cinco minutos cuando sentí que un sopor me invadía y me sumió en un sueño muy pesado. Cerré los ojos y sentí que algo extraño recorría el interior de mi cuerpo, como si fuera una bola de gelatina que iba de la cabeza a los pies y viceversa, hasta que se estacionó en la nuca sin dejar de moverse.

De pronto me vi viajando a una velocidad impresionante, como si me succionaran por una especie de túnel nebuloso en tonos rojos y naranjas entremezclados. Trataba de agarrarme de algo, pero no podía, no había de dónde agarrarme.

Por momentos sentía que me desintegraba, cuando me colocaba de frente tenía la impresión de que mis mejillas poco a poco desaparecían por la velocidad a la que me trasladaba, de repente no supe dónde terminó el túnel y aparecí en un parque, muy bonito, estilo americano, limpio, con su césped bien cortado, algunos pequeños edificios; había bancas y personas sentadas platicando, otras más caminaban.

Intenté hacer un pequeño reconocimiento del lugar para saber dónde me encontraba. Caminé por una de las banquetas y de pronto vi un poco a lo lejos a una mujer caminando hacia mí. "Esa chava tiene un aire de Selena", pensé, pero no le puse mucha atención y seguí mi camino. Intentaba reconocer algo o a alguien para entender dónde me encontraba.

Volví a ver a la mujer y me quedé paralizada: efectivamente, era Selena. Se acercaba mirándome de una manera muy tierna y serena, y me sonreía como lo hacía en vida cuando nos encontrábamos después de un tiempo de no vernos.

—¿Selena? —pregunté asombrada.

—Sí —me dijo asintiendo con la cabeza.

—¡No puede ser! Tú estás muerta —estaba más asombrada aún.

—Sí —me dice nuevamente con su cabeza al momento que se acerca y me abraza muy fuerte. Al sentirla, yo también la abrazo de la misma forma.

—Pero… ¿por qué? ¿Por qué moriste? —pregunté sin dejar de abrazarla.

—Así tenía que ser —fue su respuesta.

La abracé aún más fuerte. Quería estar así mucho rato, la podía sentir físicamente y, mientras, trataba de entender lo que me había dicho.

Así nos quedamos por unos instantes; yo la tocaba, la sentía… De pronto las preguntas se agolparon nuevamente en mi cabeza, y en el momento en que retrocedí un poco con la intención de verla a los ojos para hacerle una pregunta, sentí que me succionaron bruscamente y me vi nuevamente en ese túnel, viajando a esa velocidad tan impresionante.

De pronto todo se detuvo y empecé a tomar conciencia. Estaba en mi recámara y, aun con mis ojos cerrados, percibí la luz encendida, escuché el volumen de la televisión, primero muy bajo, aunque poco a poco podía notarlo mejor. A pesar de que ya estaba totalmente consciente y sabía que estaba acostada en mi cuarto, no podía abrir los ojos ni mover una sola parte de mi cuerpo.

Era como si mis sentidos empezaran a volver a la normalidad poco a poco, uno por uno. Empecé a sentir dolor en mis manos, mis puños estaban cerrados tan fuerte que mis uñas estaban a punto de cortar mi piel, mi barbilla estaba incrustada en mi hombro tan fuerte que me lastimaba. Nunca me había sucedido algo similar.

Poco a poco mis ojos se empezaron a abrir, pude ver mi recámara y la televisión, pero seguía sin poder moverme; estaba acostada boca arriba pero mi cuerpo no me respondía; quería abrir mis manos para que mis uñas ya no siguieran enterrándose, mover mi cabeza, pero seguía inmóvil. ¿Qué me está pasando?, me preguntaba desesperada, tratando de entender.

Después de unos instantes que me parecieron eternos, por fin empecé a sentir mi cuerpo, pude mover mis dedos y girar un poco mi cabeza, al menos ya no me estaba lastimando. Aunque empezaba a tener movimiento me sentía sin fuerza.

Cuando al fin pude incorporarme me dolía todo, principalmente las coyunturas de codos y rodillas; observé las palmas de mis manos y tenía las marcas de mis uñas, muy profundas, creo que un poco más y hubiera sangrado.

Me volví a recostar y tuvieron que pasar alrededor de unos quince minutos para recuperarme por completo y caminar.

Estaba totalmente desconcertada, espantada. ¿Qué era lo que me había pasado? Tenía muy claro haber visto a Selena. No había sido un sueño o una pesadilla, recordaba perfectamente bien todo, desde el momento en que empecé a sentir ese raro sopor hasta el regreso.

Al día siguiente me sentí muy bien, aunque un poco rara, las marcas en mis manos habían desaparecido, y la barbilla, las rodillas y los codos estaban bien.

Pasaban los días y en mi cabeza seguía dando vueltas lo sucedido, llegué a pensar que tal vez era un mensaje de Selena para que ya no tuviera ese sentimiento de culpa por su muerte. Al decirme "así tenía que ser" significaba eso: *así tenía que ser*, y aunque yo hubiera estado a su lado eso iba a suceder de cualquier modo.

Tenía una rara sensación, como si Selena me hubiese llevado a algún lugar para darme un poco de consuelo por su propia muerte, y probablemente para darme la respuesta que yo estaba buscando.

Era una respuesta muy simple pero a la vez difícil de asimilar; no era la que yo hubiera querido obtener, ahora yo quería saber la razón por lo que "así tenía que ser", no era tan fácil entenderlo.

Unas semanas más tarde se dio a conocer el lanzamiento de su primer disco póstumo, que inicialmente iba a ser totalmente en inglés, pero sólo alcanzó a grabar cuatro canciones: "I Could Fall in Love" (Podría enamorarme), el tema que se lanzó como primer sencillo en la radio, colocándose exitosamente en los primeros lugares; los otros fueron "Dreaming of You" (Soñando contigo), "Captive Heart" (Corazón cautivo) y "I'm Getting Used to You".

Este álbum se dio a conocer con el nombre de *Dreaming of You*, y esas canciones fueron producidas por Keith Thomas, destacado productor que había trabajado con artistas como Vanessa Williams y Whitney Houston.

El disco se complementó con otros éxitos grabados en español, como "Techno Cumbia" y "Como la flor", además de una nueva versión del famoso tema "Bidi bidi bom bom", escrito por la propia Selena.

Un día antes de que el álbum saliera a la venta, a mediados del mes de julio, me encontraba en la ciudad de San Antonio, Texas. Vi en las noticias locales la cobertura que realizaban en Corpus Christi. AB estaba reunido con un numeroso grupo de fans que esperaban ansiosos la hora de poder adquirir el disco para ser los primeros en escucharla cantar en inglés. Anteriormente había grabado "Missing my Baby" en otro de sus discos, aunque la producción de esa melodía no se comparaba con los nuevos temas.

Como era de esperarse, se dio un fenómeno social nunca antes visto en la historia de la música latina en la Unión Americana. En tan sólo unas cuantas horas se vendieron más de medio millón de copias, por lo que la disquera tuvo que resurtir las tiendas de discos ante la demanda del público. La expectativa era que a nivel mundial se llegaran a rebasaran los cinco millones de copias.

El sueño de Selena se empezaba a realizar. *Dreaming of You* se colocó en los primeros lugares de popularidad en los Estados Unidos, Selena se convirtió en una de las más grandes vendedoras de discos y el llamado *crossover* se dio cuando el público anglosajón respondió al tema "I Could Fall in Love". Yo sólo pensaba "cómo me gustaría que ella viera todo esto, seguramente estaría más que feliz, ojalá lo esté viendo".

XVII
La versión de Yolanda Saldívar

Habían pasado tres meses y medio de la muerte de Selena, el dolor seguía vivo entre los fans que no contenían su rabia cuando se mencionaba el nombre de Yolanda Saldívar, y en especial cuando ella se declaró inocente del asesinato, alegando que fue un accidente, cosa que no tenía cabida en la mente de nadie.

Para la familia también eran tiempos muy difíciles, los medios de comunicación daban un seguimiento extenuante a lo que sucedía. Las revistas más importantes de la Unión Americana publicaron ediciones especiales sobre la vida de Selena, tal es el caso de *People*, que vendió alrededor de un millón de ejemplares, lo que les dio el indicador sobre la importancia del pueblo latino radicado en los Estados Unidos. A raíz de esto surgió *People en Español* como la conocemos actualmente.

Entertainment Weekly, por primera ocasión en su historia, publicó en su portada a una cantante latina; el título de su reportaje principal era "The Selling of Selena" ("La venta de Selena"), y hablaba principalmente de la comercialización tan exitosa que lograba con sus discos, perfumes, libros, ropa, etcétera.

A fines de agosto don Abraham Quintanilla anunció la realización de una película sobre la vida de Selena, producida por Moctezuma Esparza y dirigida por Gregory Nava; también dio a conocer que en poco tiempo iniciarían las audiciones para elegir la actriz estelar.

En octubre de 1995, seis meses después del trágico incidente, inició el juicio contra Yolanda Saldívar en la ciudad de Houston, Texas. Durante tres semanas desfilaron los testigos presentados tanto por la fiscalía como por la parte defensora. El desarrollo del juicio fue dado a conocer a detalle por los medios de comunicación y la gente seguía con detenimiento los avances y las declaraciones de los testigos.

Las manifestaciones de apoyo a la familia Quintanilla y los reclamos a los abogados defensores de Yolanda Saldívar nunca cesaron afuera de la corte; para los fans era difícil comprender que una persona fuera capaz de defender a la asesina de Selena.

Después de tres semanas de proceso, la incertidumbre de la familia y de los miles de fans terminó. Yolanda Saldívar fue encontrada culpable de la muerte de Selena y condenada a cadena perpetua. Los fans festejaron la resolución con gritos de júbilo.

Varios días después de que le dictaron sentencia, Yolanda Saldívar concedió una entrevista a la periodista María Celeste Arrarás, para el programa de televisión "Primer Impacto" de la cadena hispana Univisión. Fue la primera vez que narró en público su versión de aquel trágico 31 de marzo de 1995.

Los siguientes son algunos de los extractos más importantes de dicha entrevista, tomados de la transcripción publicada por el periódico *El Norte*.*

María Celeste: Yolanda, buenas noches, durante todo este tiempo has guardado silencio y hoy has decidido hablar. ¿Por qué?

Yolanda: Porque ya creo yo que la gente ha formado una opinión y a este momento creo yo que la gente quiere saber mi historia. Una de las cosas es que yo tuve un sueño muy profundo donde mi hija Selena me daba el derecho de que yo ya no guardara silencio, ella me dijo claro: "ya no calles, di la verdad, ya no seas tan fiel conmigo porque tú estás sufriendo".

María Celeste: Fiel… ¿En qué forma?

Yolanda: Fiel en que yo no le iba a revelar la verdad, yo me iba a condenar a lo que me dieran, pero ella me lo ha dado a saber que está muy disgustada por lo que me han hecho, y te voy a leer algo que me llegó a mis manos.

María Celeste: Antes que nada, ¿quién te dio esa carta?

Yolanda: No sé, la persona nunca puso su nombre, me llegó en un sobre limpio, me llegó esta carta sin firma, pero [es] un mensaje de Selena, y yo le creo, porque el día anterior la soñé, que ella me decía: "Madre mía, di lo que sabes, dilo todo ya que el mundo te ha condenado, yo tengo mucho dolor, dilo".

---

* Las entrevistas, declaraciones, testimonios y mensajes que aparecen en este libro no fueron corregidos, para que el lector pudiera conocerlos en su versión original. [N. de e.]

María Celeste: Yolanda, ¿por qué tú la llamas a ella "mi hija" y ella te llama a ti "madre"?

Yolanda: Porque así era la relación entre yo y ella, ella es mi hija; era, fue y siempre será una hija para mí. Yo no la tuve, naturalmente, pero así me decía, María: mamá, madre mía, mom; *nunca me decía por Yolanda, y eso yo lo llevo muy profundo y yo le dije a ella: "hasta la muerte, mi'ja, yo llevo tu secreto".*

María Celeste: ¿Este secreto jugó algún papel dentro de la habitación el 31 de marzo?

Yolanda: Exactamente, exactamente.

Después de esto María Celeste le hace saber que la prensa y la gente la pintan como una lesbiana enamorada de Selena y le pregunta directamente si esto es cierto, a lo que Yolanda responde que no, insistiendo en que su relación era de madre e hija.

Más adelante Yolanda lee la carta con el supuesto mensaje que le envía Selena.

Yolanda: "Di mi historia, di tu historia y recuerda que yo te doy mis gracias por tu amor como madre para mí. Yo sé la persona que nos llevó a ese cuarto, yo sé qué te hizo a ti, yo sé qué me hizo a mí, mi esposo sabe la verdad, él sabe toda la verdad..."

María Celeste: ¿Chris?

Yolanda: Exactamente, pero él tiene miedo de hablar [continúa leyendo la carta]: *"no vas a dar un nuevo juicio, pero sí vas a ganar una apelación, no tengas miedo, Yolanda".*

María Celeste: Entonces, ¿cuándo lo vas a revelar?, ¿en el juicio, si hay una apelación?

Yolanda: Si hay una apelación, exactamente.

María Celeste: Tú dices que fue un accidente, la corte dice que fue un asesinato ¿Tú sientes que la mataste?

Yolanda: No, te digo que yo tengo mi conciencia limpia.

María Celeste: Te lo voy a preguntar, y quiero que me mires a los ojos, Yolanda, ¿tú la mataste con intención o no?

Yolanda: No, nunca.

María Celeste: Yo sé que tu eres muy religiosa, y que tu familia es muy católica. ¿Tú estarías dispuesta a jurar ante Dios en una Corte, ante una Biblia que eso es así?

Yolanda: Exactamente, exactamente, ¿Y sabes por qué, María?

María Celeste: ¿Por qué?

Yolanda: Porque mi Dios sabe que fue un accidente... Yo estoy en paz con mi Dios y estoy en paz con Selena, pero ella me dice que no hay nada que perdonarme.

María Celeste: Lo que quiero que me expliques es cómo fue la dinámica de la discusión y el momento en que sacas la pistola. ¿Cómo fue eso, qué estaba pasando en ese cuarto, llévame a lo que estaba pasando ahí?

Yolanda: Con mucho gusto te diría María, pero no lo puedo discutir.

María Celeste: Yolanda, tú dices que no puedes revelar el secreto del motivo de la discusión, pero yo quiero que tú me lleves físicamente al momento en que tú sacas la pistola y ocurre el disparo. ¿Qué pasó? Explícame con tus manos...

Yolanda: Primer lugar, yo no saqué la pistola.

María Celeste: ¿La sacó Selena?

Yolanda: Sí.

María Celeste: ¿Para qué, si la que te querías suicidar eras tú?

Yolanda: Exactamente... Ella... Teníamos un maletín, y ella lo volteó al revés, lo sacudió en la cama, entonces, no te voy a decir lo que me dijo, entonces tuvimos una discusión, yo los levantó [los documentos]*, se los puse todos pa' trás y le dije "vete", se los puse abajo del hombro, y le dije "vete, madre mía, vete". Ella estaba llorando, estaba llorando profundamente, diciéndome que ella me quería mucho y que yo no podía hacerle eso de dejarla así; entonces dije: "madre mía, yo nunca te voy a revelar el secreto", entonces ella se hincó, me agarró de las piernas y me dijo "no me dejes, no me dejes", llorando profundamente, María, llorando* [para] *que no la dejara, yo le dije "madre, yo no puedo, ya no puedo más".*

María Celeste: ¿Ella te revelaba más del secreto? [Yolanda asiente con la cabeza] *Y la pistola, ¿dónde estaba en ese momento?*

Yolanda: Estaba arriba en la cama.

María Celeste: ¿Cuándo fue que la agarraste?

Yolanda: Le dije: "yo no te dejo por ninguna otra persona, si no te ayudo a ti, no le ayudo a nadie, no te mortifiques"; yo agarré la pistola y la puse en mi templo [sien] *aquí, y le dije: "quiero que te vayas, hija mía, vete", y no se quería ir, María, no se quería ir, entonces yo le hice esa cosa para atrás, le dije, "madre, quiero que te vayas"; la puerta estaba abierta, la dejamos abierta, entonces me dijo, "ma-*

dre, vamos a hablar", y le dije yo "no, ya no me vas a convencer, ya no me vas a convencer", ella iba andando pa' la puerta y me dijo "mamá, vamos a cerrar la puerta, vamos a hablar", onde ella iba andando pa' la puerta, le dije yo: "no cierres la puerta", onde le dije: "no cierres la puerta", se fue el tiro.

María Celeste: ¿Y tú qué hiciste?

Yolanda: Me quedé en shock...

María Celeste: ¿Tú pensaste que la habías herido en ese momento?

Yolanda: No, yo no sabía dónde, yo no, yo nomás vi que se fue pa' fuera.

María Celeste: Yolanda, una cosa que intriga muchísimo, por qué si Selena era tu amiga, por qué si ella quería ayudarte y evitar que te suicidaras, por qué al recibir el tiro salió corriendo y sigue corriendo como una persona que tiene miedo?

Yolanda: Yo también tenía miedo con la pistola.

María Celeste: Pero ¿por qué ella no se volteó y dijo: '¿Yolanda, qué me has hecho?, estoy herida'?, ¿porqué salió corriendo?

Yolanda: Porque todo esto fue de un rápido, de una rapidez, si a mí me hubieran pegado un tiro yo también fuera corriendo por ayuda.

María Celeste: ¿Por qué no voltearse a su amiga que es una enfermera y pedirle ayuda?

Yolanda: No sé, María, yo salí afuera del cuarto, ¿dónde está mi hija? Ya no la vi.

María Celeste: Tenías la pistola en la mano.

Yolanda: Sí, porque yo no quería que se me fuera a disparar otra vez.

María Celeste: Pero dice uno de los testigos que tú la tenías en la mano apuntando todavía.

Yolanda: Eso nunca ocurrió, María, eso nunca ocurrió.

María Celeste: Pero tú dejaste otras cosas en el cuarto y no te las llevaste contigo, que también eran tuyas.

Yolanda: No, porque yo no pensaba correr...

María Celeste: Yo sé, pero ¿por qué entonces correr con la pistola y no dejar la pistola con las demás cosas que también son tuyas?

Yolanda: Porque el cuarto estaba abierto, cualquiera podía haber entrado.

María Celeste: Te lo pregunto porque durante los argumentos de cierre el fiscal dijo, y fue un momento muy impactante en la Corte, dijo: "Esta mujer tiene la pistola en la mano que supuestamente se ha disparado accidentalmente, y lo que uno hace cuando algo así ha pasado es tirar la pistola para que no vuelva a suceder, porque con la pistola en la mano puede volver a suceder". ¿Qué tú contestas a eso?

Yolanda: Yo no quería que nadie más se lastimara, esa pistola es mía, otra persona que se fuera a lastimar, fuera hecho, me fueran culpado a mí, eso es lo que yo pensé.

María Celeste: Tú sabes que la gente que te esté mirando en este momento va a decir, va a pensar que ella [Selena] pudiera decir toda su verdad si estuviese viva, y que no está viva porque una bala que salió de la pistola que estaba en tus manos la mató.

Yolanda: Yo te digo, María, yo sé que mi Dios y Selena lo contestan conmigo, fue un accidente, yo no soy una asesina a sangre fría, la gente así me lo ha señalado, Dios que los perdone.

María Celeste: Yolanda, esa mañana tu dices que ocurrió algo. ¿Qué pasó?

Yolanda: Tuvimos una discusión, tocante de ese secreto, ella quería hacer algo y quería que yo la ayudara, yo lo vi muy peligroso para mí.

María Celeste: ¿Por qué?

Yolanda: Primero, porque yo sé que no estaba bien, yo sé que no, era una cosa que lo que ella iba a hacer o lo que íbamos a hacer no estaba bien, y yo me vi, me vi en peligro por mi vida.

María Celeste: Yolanda, pero ¿qué más peligro que ponerte una pistola en la cabeza?

Yolanda: Porque ya me iban amenazado anterior, ya me iban amenazado físicamente, y las otras cosas que me han pasado, que no puedo revelar en este momento, yo ya no quería seguir adelante, porque ella no quería que yo la dejara.

María Celeste: Pero es que si tú te suicidabas, si te suicidabas la ibas a dejar también.

Yolanda: Pero me llevaba su secreto conmigo, ¿entiendes?

María Celeste: Tú dices que tú veías el peligro delante y que ella no, pero las personas que te juzgan, el Jurado, decidió que el peligro eras tú, que tú fuiste y que la mataste y que ella no lo vio.

Yolanda: Yo no digo peligro de esa manera, yo digo peligro como se iba a revolver todo esto y que le iba a causar sufrimiento, ése es el peligro que estoy hablando...

María Celeste: ¿Por qué Yolanda, por qué sola?

Yolanda: Yo no le dije eso, yo le dije que no viniera al hotel, le rogué que no viniera al hotel, yo nunca, nunca le dije que viniera al hotel, ella vino de su propia voluntad, y al revelarte porqué vino te voy a revelar la verdad que no puedo decir.

María Celeste: ¿Ella vino a revelarte el secreto?

Yolanda: No

María Celeste: ¿O más del secreto?

Yolanda: No.

María Celeste: Ah, ¿algo que estaban tramitando?

Yolanda: Ya el secreto lo sabíamos.

María Celeste: Ah, lo sabían ¿y era algo que estaban tramitando?

Yolanda no dice nada más al respecto. Más adelante María Celeste aborda el tema del fraude a los clubes de fans.

María Celeste: Yolanda: Abraham Quintanilla. ¿Qué te dice ese nombre?

Yolanda: Es un ser humano como tú y yo, tiene la potencia de cometer errores, que los acepte es otra cosa.

María Celeste: A ti te han acusado de ladrona, han dicho que tú la habías matado por dinero, para no revelar que tú estabas desfalcando fondos del fan club. No han pre-

sentado evidencias al respecto, pero supuestamente, de acuerdo con el fiscal, la investigación continúa, y te lo voy a preguntar directamente: ¿Tú alguna vez le robaste dinero a Selena, sí o no?

Yolanda: No, nunca le he robado ni un centavo. Yo a mi hija nunca le he tomado un centavo, y ella lo sabe, pero el día que se revele eso también voy a enseñar pruebas.

Ya como despedida, María Celeste le hace el siguiente comentario:

María Celeste: En términos del futuro, ¿qué planes tienes para el futuro?

Yolanda: Que primero yo quiero revelar la historia de mi hija.

María Celeste: ¿En un libro tal vez?

Yolanda: No, no estoy ni siquiera pensando en eso.

María Celeste: ¿Por qué? Sé que te han hecho ofertas.

Yolanda: Te estoy diciendo la mera verdad, a mí no me importa el dinero, no me importan las ofertas que me han ofrecido, a mí lo que me importa es que mi hija descanse en paz y si eso es lo quiere que yo diga, adelante voy.

María Celeste: Hay personas que no importa lo que tú digas, no importa lo que tú expliques, nunca van a creer en ti, siempre van a pensar que eres un monstruo, que eres una asesina a sangre fría.

Yolanda: Yo no estoy aquí, María, para cambiar este pensamiento a nadie, el día que yo esté lista a revelar toda la verdad, lo voy a hacer con hechos, con papel, con pruebas

145

en la mano, y enseñarle al público esto fue lo que pasó, esto fue lo que estaba tramitando Selena. Pero yo sé que mi Dios, Selena, mi familia, y mis verdaderos amigos saben que no soy un monstruo, yo soy una gente humana.

Todas mis dudas se disiparon. En muchos momentos llegué a pensar en la posibilidad de que efectivamente hubiera sido un accidente, como Yolanda siempre lo dijo, pero después de la entrevista mi panorama cambió por completo, ahora tenía la convicción de que la asesinó con toda intención.

El hecho de que Selena tuviera en el puño de su mano el anillo que Yolanda le regaló es un dato sumamente importante, ya que eso significaba una evidente ruptura por parte de Selena, entonces no me la podía imaginar arrodillada y abrazada a sus piernas llorando y rogándole que no la dejara, realmente me daba la impresión de que algo en la cabeza de Yolanda no estaba bien.

Hablar de un famoso secreto me parecía una verdadera manipulación para sembrar más dudas, tratando de hacer creer que ella era tan importante para Selena que la veía como su madre.

Durante sus declaraciones se podían detectar varias incongruencias, una de ellas es cuando afirma que discutieron por el supuesto secreto en el que Selena quería hacer algo con la ayuda de Yolanda, y ella sintió que su vida podía estar en peligro. Sin embargo, como replicó María Celeste, ¿qué mayor peligro que apuntarse con una pistola en la sien con la aparente intención de suicidarse?

Otra incongruencia es cuando dice que le rogó a Selena para que no fuera al hotel. Durante el juicio salió a relucir que Yolanda llamó a Selena por la mañana para decirle que la habían violado en México. Selena acudió para llevarla a un hospital, pero el resultado de las pruebas médicas establecieron que era falso que hubiese sufrido una violación.

Seguramente al darse cuenta de que la dichosa violación era un total engaño para despertar su compasión, Selena se molestó muchísimo, ella odiaba las mentiras; al descubrir el engaño probablemente empezó la discusión y Selena le reclamó.

Desde mi punto de vista, Yolanda entendió que, al quitarse el anillo, Selena daba a entender que ya no quería saber nada más de ella y ahí terminaba todo; entendió que ella quedaba totalmente fuera de la vida de su ídolo, la cantante por quien vivía obsesionada. Decidió que si Selena no estaba con ella, no estaría con nadie.

También es probable que Yolanda haya comprado la pistola para hacerle daño a don Abraham, tal y como se dijo en el juicio. Al entender que ya no vería nunca más a Selena, aprovechó la última oportunidad para hacerle daño, de esta manera provocaría un daño a quien más odiaba en ese momento: don Abraham. Quitarle la vida a una hija es el dolor más grande que un padre puede sufrir, un daño sin caducidad que también abarca al resto de su familia, y por supuesto, a Chris, el esposo, quien también había manifestado su desconfianza.

Actualmente, Yolanda Saldívar se encuentra purgando su condena de Cadena Perpetua en la cárcel para mujeres de Gatesville, Texas.

XVIII
Falsos rumores 1

Durante esos siete meses transcurridos entre el asesinato y el juicio, Selena se confirmó como todo un fenómeno de mercadotecnia. Además del éxito de ventas de sus discos, gracias a los cuales la piratería también hizo su agosto, aparecieron algunas biografías no autorizadas, que sólo mostraban una recopilación de entrevistas hechas a Selena. Estos libros también tuvieron ventas millonarias.

Don Abraham trataba de controlar todo esto sin lograrlo, y los problemas parecían no querer darle tregua. Bien dicen que los problemas nunca vienen solos.

En ese tiempo un periodista demandó a don Abraham por un supuesto incumplimiento de contrato en el que lo autorizaba para escribir una biografía de Selena; para colmo, el gobierno estadounidense ordenó una auditoría a sus empresas.

Además de lo anterior, a mediados de febrero de 1996, tres meses después de la entrevista de María Celeste, apareció en *El Norte* la traducción de una entrevista realizada al doctor Ricardo Martínez, publicada originalmente por la revista estadounidense *US Magazine*.

El nombre de este doctor salió a la luz pública durante el juicio, y después durante la entrevista a Yolanda Saldívar en "Primer impacto".

Como Selena nunca me habló específicamente de él, hasta ese momento supe que se trataba del doctor que ella me presentó en el camerino de la Feria de Monterrey, el mismo día que ella lo conoció.

Empecé a leer con mucha atención esa entrevista, que presentaba a una Selena cuya vida en Monterrey iniciaba a raíz de que conoció a este doctor, en septiembre de 1994, esto es, sólo seis meses antes de su muerte…

En la publicación se sugería que el famoso "secreto" del que Yolanda tanto hablaba, era una relación sentimental entre Selena y el doctor, quien, por cierto, era como veinte años mayor que ella.

La entrevista fue realizada en Puerto Vallarta, y él estuvo totalmente de acuerdo en concederla porque, según dijo, quería presentar al mundo a la verdadera Selena, no la imagen que promovía la familia Quintanilla… Pero, ¿cuál era su verdadero interés, era necesario hacerla?

De acuerdo con las declaraciones del doctor Ricardo Martínez, "la realidad es que en la vida de Selena había mucha tristeza. Su familia y su esposo no le daban el apoyo o la comprensión que necesitaba. Tenía el corazón de un niño que trataba de salir, porque desde la niñez todo era trabajo y más trabajo".

Según la entrevista, "pronto la relación con Martínez fue creciendo. Él había caído bajo el hechizo de

Selena, la ingenua, no Selena la estrella", porque según Martínez "ella era tan inocente, estaba tan llena de una felicidad a la que no se le había permitido salir."

Según la revista, el doctor se había convertido en "asesor médico, asesor de negocios, confidente, el doctor llenaba gratamente esos requisitos para su nueva amiga. Cuando Selena llegaba a su cuarto de hotel en Monterrey, ya la estaban esperando arreglos de flores y frutas".

Y continuaba: "Es fácil ver por qué la cantante se sentía atraída al atractivo *(sic)* y atento cirujano. Martínez se movía en el mundo que Selena idealizaba (el mundo del arte y la moda, de las bolsas Chanel y de las mujeres adineradas que las portaban), un mundo muy alejado del materialismo de nuevos ricos de su familia chicana".

"Más que eso, él representaba la cultura mexicana en su más refinada expresión. Bajo la tutela del doctor, Selena estaba aprendiendo español, 'verdadero' español, no el híbrido Tex-Mex."

En la entrevista, Martínez resta importancia a los rumores que han surgido de que Selena se estaba preparando para dejar a su marido y su familia, e irse a vivir a Monterrey, aunque no los descarta por completo.

"Es posible que haya pensado en eso, nunca fue una realidad, pero sí hubo un momento en que quiso mudarse a Monterrey —declaró—. Se han dicho muchas cosas de esto, pero muchas no son ciertas."

"Usted comprende, ésta es una situación muy delicada", agrega Martínez bajando la voz. "Creo que Selena entendió esto y creo que comprendió que habría sido imposible."

De su opinión sobre Yolanda Saldívar, el doctor comentó: "Ella era demasiado posesiva con Selena. Sentía que tenía el derecho de decirle quién era una persona buena y quién no, de colocarse entre Selena y el resto del mundo.

"Pero a medida que llegué a conocer mejor a Selena, Yolanda estaba perdiendo su influencia, porque poco a poco se daba cuenta de que esta mujer no estaba bien de la cabeza… Yolanda estaba tratando de acabar con la confianza que Selena estaba poniendo en mí".

"Sí", admite Martínez: "Es posible que me amara, que me admirara como hombre.. y prueba de ello fue que me dio toda su confianza, me confiaba sus cosas más íntimas".

"Selena no estaba muy feliz con su esposo —continúa Martínez—, se había vuelto muy poca cosa ante sus ojos, porque no era capaz de actuar ni de tomar decisiones."

Finalmente expresó su idea de lo que pudo haber pasado en la habitación, y dijo que Selena tenía un diario en el que escribía la letra de sus canciones, sus secretos y sus sueños; según dice, ese diario en manos equivocadas era una bomba de tiempo en potencia, y especula que Selena pudo habérselo dado a Yolanda para que lo guardara. Fue a la habitación del hotel para recuperarlo, pensando que si Yolanda estaba enojada o enemistada con ella, podría traicionarla.

Leí tres o cuatro veces esta entrevista y no podía dar crédito a todos estos comentarios, nada más alejado de la realidad, sobre todo la última parte, donde planteaba la posibilidad de que Selena lo amara y admirara como hombre. Así como su afirmación de que no estaba muy feliz con su esposo.

Yo sabía que esto último era totalmente falso. Selena me lo había dejado muy claro, ella estaba muy emocionada porque muy pronto formarían una verdadera familia con la llegada de su primer bebé.

Inmediatamente llamé a don Abraham para comentarle sobre la publicación.

—¡No puede ser! No pudo haber dicho eso, él es amigo de la familia —me contestó sorprendido y a la vez enojado.

—De verdad, don Abraham, eso es lo que dice, se lo voy a leer, aquí tengo el periódico.

—¡Lo voy a llamar en este momento! —al decir esto, colgó.

Yo tampoco salía de mi asombro ante tales declaraciones. No pasaron ni cinco minutos cuando recibí una llamada de don Abraham.

—Ya lo llamé, pero me dicen que está en Brasil.

—Yo estoy muy sorprendida.

—No puede ser, como quiera voy a tratar de localizarlo.

Yo tenía mis dudas acerca de que el doctor estuviera en Brasil, más bien me parecía que se estaba escondiendo del papá de Selena, se volvió ojo de hormiga porque ni los medios de comunicación lo encontraban.

Don Abraham estaba muy enojado con la revista, incluso envió una carta reclamando sobre el artículo, pero la revista siempre defendió que tenían pruebas y no se publicaría algo que no se hubiera dicho. Supuse que tendrían grabada la entrevista con el doctor, en Estados Unidos se acostumbra tomar toda clase de precauciones, ya que las demandas por calumnia o difamación sí proceden, a diferencia de lo que ocurre en México.

XIX
Falsos rumores 2

A principios de marzo apareció otra entrevista en *El Norte*, con un señor de nombre Sebastián Luis D'Silva, quien, según el reportaje, trabajó como guardaespaldas, asistente, compañero y ayudante del doctor Ricardo Martínez durante dos años; y se convirtió en amigo y anfitrión de los viajes "secretos" de Selena a Monterrey.

Según D'Silva, se decidió a hablar de su relación con Selena por dos razones. La primera de ellas era que estaba muy sentido por lo que le hizo don Abraham Quintanilla, que más adelante explicaría; la segunda era que le sorprendió mucho la entrevista del doctor Ricardo Martínez, cuando ambos habían acordado no hablar del asunto.

"Yo quiero que la gente sepa la verdad —declaró—, la clase de padre que Abraham era con Selena. Por eso accedí a la entrevista, para que la gente sepa que él nunca fue un buen padre, siempre la usó, en muchas ocasiones Selena me dijo que sufría muchísimo por culpa de él."

Comentó que aunque la conoció a través de su jefe, el doctor Martínez, llegó a tener una amistad muy estrecha con ella, quien le confiaba sus problemas. Agregó que cuando ella viajaba a Monterrey "a escondidas" se ponía pelucas para que no la reconocieran y utilizaba el apellido Pérez en vez de Quintanilla para que no la descubrieran.

Según él, Selena quería poner su maquiladora en Monterrey, porque cuando ella venía aquí sentía mucha libertad, además de que quería dejar a su familia porque se sentía muy infeliz con su papá.

Durante la entrevista D'Silva ofreció un dato bastante revelador para mí, al decir que el doctor le pidió que consiguiera una cabaña por Chipinque, un lugar turístico de Monterrey, enclavado en lo alto de la montaña, para que Selena se quedara en su próxima visita.

Cuando Selena llegó a Monterrey, el doctor mandó arreglar la cabaña con flores y frutas "porque Selena era muy sentimental, y esos detalles nunca los tuvo con nadie".

Llegaron a la cabaña Selena, Yolanda, el doctor y él, y después él tuvo que salir para arreglar algunos asuntos de la clínica del doctor, y Yolanda lo acompañó porque quería aprovechar para arreglar unas cosas de la casa que Selena quería comprar.

Agregó que de regreso a la cabaña, después de cinco horas, tuvo un problema con Yolanda ya que ella dijo que el doctor tenía todo preparado para tener sexualmente a Selena.

Ya nuevamente en la cabaña el doctor y él se retiraron, dejando solas a Selena y Yolanda. Según él, durante la noche Yolanda le metió esas ideas a Selena, y cuando llegaron por ellas al día siguiente en la mañana, Selena estaba muy enojada con el doctor, le impidió que entrara a la cabaña, y tuvieron que esperar afuera a que ellas recogieran sus cosas para llevarlas al hotel Fiesta Americana. Durante el trayecto nadie dijo nada, y Selena iba muy enojada.

Agregó que ya estando Selena en el hotel, él fue a hablar personalmente con ella para explicarle que no era cierto lo que Yolanda le había dicho. Selena le creyó, y gracias a él Selena volvió a tener amistad con el doctor.

"Fue entonces que por mí, Selena regresó a tener amistad con el doctor. "Desde ese momento ella empezó a confiar más en mí que en el doctor. Todo lo que tuviera que hablar con él, primero me preguntaba mi opinión. Todo esto pasó en 1994."

Al cuestionársele si el doctor quería algo más que una amistad, su respuesta fue:

"No sé, yo no puedo entrar en su mente de él. Yo era muy amigo de él, además de su empleado era como un hermano porque yo viajaba con él a todos los lugares que iba, a Estados Unidos, Brasil y México, porque le conseguía muchas cosas y ayudaba en sus asuntos cuando viajaba a operar gente muy famosa, pero de eso no puedo opinar por ahora.

"Lo único que puedo decir es que él siempre amó a Selena, pero el amor que sentía por ella sólo él lo debe saber."

Se le preguntó si el doctor Martínez le había dado algún regalo a Selena, y su respuesta fue:

"Yo estuve con el doctor en una convención en Nueva York, después nos fuimos a New Jersey para posteriormente ir a Philadelphia, a una universidad en ese lugar".

"En esa ciudad fuimos al centro y el doctor le compró un anillo a Selena y ella lo usaba mucho. Fue con el que se murió".

Referente a que Yolanda dijo que ella había comprado ese anillo con el que Selena murió, D'Silva responde:

"Yo no sé por qué lo dijo, porque Yolanda sí compró una cosa semejante, pero yo creo que fue un pendiente o algo así, porque el doctor fue el que le dio el anillo, él tenía mucha consideración con Selena. Yo me acuerdo que Yolanda compró algo en oro para Selena y lo usaba mucho, pero no fue el anillo".

Se le preguntó si pensaba que el doctor pudiera reclamarle por dar la entrevista, y respondió:

"Yo creo que él no tiene porqué reclamar, ya que todo lo que tú me preguntaste —le dice al reportero de *El Norte*— sobre la relación más íntima de él con Selena, lo dejé para que él lo conteste.

"Honestamente yo creo que si él viene a reclamarme, primero tiene que hacerse un examen de conciencia, tiene que pensar él más que yo".

Al leer estas declaraciones, empezó a tener sentido para mí aquella conversación con Selena un año antes, la última vez que la vi, en la entrega de los Texano Music Awards en San Antonio. Pensé que cuando se refirió a ese "algo" que no le gustaba y la hacía sentir incómoda se relacionaba con estas personas.

Siempre me preocupó que las personas con las que Selena trataba quisieran pasarse de listas y le robaran; ella era muy confiada, no pensaba mal de nadie, pero definitivamente aquí no se trataba de eso y pronto se empezó a aclarar el panorama.

Pensé que seguramente ésa era la situación que Selena me quería explicar desde el principio y con calma, para que le aconsejara.

Si las cosas sucedieron tal y como las platicaba el señor D'Silva, era obvio que el doctor sí tenía intenciones más allá de una sincera amistad con Selena, y probablemente confundió el afecto y agradecimiento que le tenía, formándose otra clase de ideas en su cabeza.

A diferencia de don Abraham, que se negaba a creer que el doctor Ricardo Martínez hubiese declarado que Selena lo amaba, yo siempre creí que sí lo había dicho; y no precisamente porque conociera al doctor. Por mi experiencia en el manejo de información con los medios, sé que la prensa estadounidense siempre se previene grabando las entrevistas para protegerse de problemas posteriores, más aún cuando se trata de un tema tan delicado como éste.

Nunca dudé de que la entrevista efectivamente se había realizado tal y como lo expresó a *El Norte* la reportera de *US Magazine* que realizó la entrevista. Ella afirmó que la publicación había sido de mutuo acuerdo y que el doctor hizo esas declaraciones.

Empezaron a surgir en mí una y mil preguntas acerca de las razones que tuvo el doctor Martínez para declarar que probablemente Selena lo amaba y se interesaba en él como hombre, no sólo como doctor o amigo. Mi primer pregunta era si él tenía necesidad de aceptar la entrevista.

Durante la entrevista que Yolanda Saldívar concedió a María Celeste hizo algunas insinuaciones relacionadas con el doctor, habló de un secreto, pero nunca dijo abiertamente que hubiera una relación entre Selena y él.

¿No se supone que un doctor es como un sacerdote, que no es ético hablar de los asuntos personales de sus pacientes, y más aún de una persona a quien supuestamente consideraba su amiga?

Me parece increíble que una persona que se supone debe estar tan preparada como él, no haya tenido la más mínima inteligencia para saber lo que provocarían este tipo de declaraciones. Primero, porque se trataba de una mujer casada; y segundo, una mujer casada que había muerto y no podía defenderse.

Pensaba en la posibilidad de que la revista hubiese sacado de contexto sus palabras, pero de haber sido así, lo lógico es que él desmintiera públicamente a la revista, o en su caso, interpusiera una demanda en su contra.

Pero no lo hizo, no hizo nada, o al menos no hizo nada contundente; ante cualquier reclamación o demanda, lo más probable es que la revista hubiese sacado a la luz pública la grabación de la entrevista y así se sabría la verdad. Desde mi punto de vista prefirió callar antes que quedar en evidencia.

Me pareció algo muy ruin. Había pasado ya un año de la muerte de Selena, ¿qué necesidad tenía de aparecer en público como si fuese su redentor sólo para venir a manchar su reputación?

Si de verdad la conocía tan bien como dice, debió saber que al momento de intentar otro tipo de relación con Selena se toparía con una pared de acero, porque ella era una persona con valores morales muy fuertes y firmes. Esas cosas le parecían inaceptables.

Como lo mencioné, yo estaba plenamente convencida de que Selena amaba a Chris, me lo recalcó en nuestra última conversación, además de que ella estaba muy ilusionada por tener a su primer bebé.

A esto hay que agregarle que derivado de su influencia religiosa de los Testigos de Jehová, tener una relación sentimental o sexual fuera del matrimonio es algo inmoral. Una situación así no tenía cabida en su vida.

Selena era un ser humano, como cualquiera de nosotros, no estaba exenta de dejar de querer a su esposo en algún momento. Pero si se hubiera dado el caso, ella hubiera hecho las cosas bien. De entrada, se hubiera divorciado antes de iniciar otra relación sentimental. No obstante, Selena estaba muy distante de eso, una persona que está pensando en embarazarse de su esposo no está planeando divorciarse de él.

Estaba claro que este doctor no conocía bien a Selena, tal vez malinterpretó algún comentario de ella, quizá pensó que las cosas podían ser de otra manera.

Sobre el señor D'Silva, pensé que actuó de buena fe respecto a Selena, pero me parece que sus comentarios más bien surgen desde el punto de vista de una persona que se formó un criterio muy apresurado sobre la vida de Selena, con los pocos puntos de referencia que tenía a la mano.

El hecho de que se haya atrevido a enfrentar las declaraciones del doctor en principio fue una buena acción de su parte, aunque la idea de una doble vida por parte de Selena se sigue manteniendo de forma errónea en la memoria de muchas personas, que hasta la fecha me siguen preguntando si eso fue verdad; no borran de su mente las infortunadas declaraciones del doctor Martínez y continúan creyendo que ella tuvo una relación extramarital.

En esta primera parte de la entrevista con el señor D'Silva se dejaron ver varias imprecisiones; una de ellas se refiere al comentario sobre el anillo que llevaba Selena en el momento de su muerte, ya que asegura que fue un regalo del doctor Martínez.

Ese anillo fue objeto de investigación durante el juicio y se comprobó que fue Yolanda quien lo compró, e incluso lo pagó con la tarjeta de crédito de la propia boutique de Selena; además esto lo confirma el testimonio del joyero que lo vendió, así como las facturas, por lo que queda descartado lo que dice D'Silva.

Por otra parte, según sus propias palabras, "lo único que puedo decir es que él [el doctor] siempre amó a Selena". Esto quiere decir que D'Silva tuvo claro que el doctor tenía otro tipo de interés hacia Selena más allá de la amistad. Él debió saber que cuando un hombre tiene cualquier cantidad de atenciones y regalos hacia una mujer la está tratando de conquistar o seducir, por lo que la reacción natural de un amigo de verdad, hacia quien consideraba su "hermana", debió ser la de protegerla, no convencerla de lo contrario. Probablemente, con la muerte de Selena tuvo algún remordimiento de conciencia, y eso lo decidió a refutar las declaraciones de el doctor.

Otra imprecisión se da en su respuesta tras cuestionarle cómo recibió la noticia de la muerte:

"Yo lo sentí mucho porque Selena era muy amiga mía, me confiaba sus problemas familiares. Los problemas que tenía con su padre porque la manipulaba mucho, ellos le pagaban muy poco porcentaje a ella ya que lo demás era todo para su familia. Basta ver que su hermana Suzette tiene una casa doscientos por ciento mejor que la de Selena. La vida de su papá siempre fue Suzette."

Esta última frase pareciera venir de una persona que conocía a Selena y a su familia de toda la vida, no de alguien que empezó a tener relación con ellos seis meses antes de su muerte. ¿Cómo podía asegurar que la vida de don Abraham *siempre* fue Suzette?

Su falta de conocimiento también quedó de manifiesto en su comentario sobre la casa de Suzette y la de Selena; todo parece indicar que desconocía que Selena ya tenía todo listo para empezar a fincar su nueva casa, si no lo había hecho fue por darle prioridad a su boutique y al lanzamiento de su línea de ropa. Para ella no era importante si vivía en una casa pequeña y modesta o en una grande y lujosa. Tenía la capacidad de adaptarse muy bien porque ella sabía lo que era quedarse sin una casa para vivir y no tener dinero ni para comprar comida.

En esta primera parte de la entrevista también asegura que Selena viajaba a escondidas a Monterrey, sin que su familia se enterara.

"Ella estaba montando una maquiladora aquí, así que venía mucho a Monterrey sin que nadie se enterara porque su papá no quería que emprendiera ese negocio. Algunas veces se cambiaba y se ponía pelucas para que nadie la reconociera. Yo siempre iba por ella al aeropuerto, ya que el doctor me lo pedía.

"Selena venía a Monterrey seis o siete veces al mes —continúa—. Ella volaba de donde andaba y venía para acá sin que sus familiares, en especial su papá, se enteraran."

Si Selena viajaba seis o siete veces al mes, entonces pasaba en Monterrey dos veces por semana, prácticamente todo el mes, ¿era posible que nadie se percatara de su ausencia?

"Me acuerdo —sigue el señor D'Silva— que cuando ella estaba filmando la película con Marlon Brandon (*Don Juan de Marco*) en Los Ángeles venía seguido a Monterrey."

Esto ya no deja la más remota duda de que este señor estaba hablando muy a la ligera; Selena grabó su participación en la película a mediados de 1994, meses antes de que el señor D'Silva la conociera. ¿Cómo era posible que recordara que Selena venía a Monterrey durante la filmación?

Además, Selena no era la protagonista, ni siquiera tenía un diálogo, su participación se concretó a interpretar un musical durante una escena de Marlon Brandon en un restaurante. La producción necesitaba a una cantante con mariachi, la disquera propuso a Selena, y a ellos les gustó. Al leer ese comentario, cualquiera pensaría que Selena dedicó meses enteros al rodaje.

Hay otras declaraciones como ésa:

"En muchas ocasiones usaba el apellido Pérez, porque ya la conocían como Quintanilla, y así era más fácil que la descubrieran."

Nuevamente yo no salía de mi asombro al ver la entrevista; me imaginaba a Selena en algún aeropuerto escabulléndose de Chris, de don Abraham o su tío Isaac, de Suzette y el resto de el grupo, para correr a otra sala del aeropuerto, tomar otro avión, viajar a

Monterrey, en una maniobra digna de James Bond, en la que nadie iba a notar su ausencia al llegar a Corpus Christi… en especial Chris, que no notaría su ausencia en la casa.

Respecto a que Selena usaba pelucas para que no la reconocieran, seguramente confundió las extensiones que empleaba para que su cabellera se viera más abundante, ya que su cabello era muy delgado y frágil, ella siempre estaba buscando algún tratamiento para fortalecerlo; por eso desde que inauguro su boutique sus peinados eran muy diferentes a las primeras veces en que viajaba a Monterrey con sus clásicas gorritas, incluso vestía diferente, se arreglaba más en su vida diaria porque le gustaba usar sus propios diseños.

Es verdad que en un principio don Abraham trataba de disuadirla del proyecto de la ropa, pero después, ante el empeño de ella, no le quedó más remedio que aceptarlo, aunque pensara que esto la distraería de su carrera como cantante; no entendia que ese era uno de sus más grandes sueños.

Acerca de que Selena usaba el apellido "Pérez" en lugar de "Quintanilla" no tenía nada de raro. En Estados Unidos es muy común que la esposa utilice el apellido del esposo, muchas veces se presentaba como Selena Pérez, lo hizo desde que llegó por primera vez a Monterrey, igual que Suzette, después de casarse con Billy, se presentaba como Suzette Arriaga. Esto lo podemos ver incluso en los más altos niveles políticos o musicales, como con Hillary Clinton, esposa del ex presidente Bill Clinton; Tina Turner, esposa del músico Ike Turner; Gloria Estefan, esposa del productor Emilio Estefan, o, más recientemente, Michel Obama, esposa del actual presidente de los Estados Unidos. Tal vez el señor D'Silva no estaba familiarizado con esto o no sabía que ése era el apellido de casada de Selena y lo agregó a su fantasía.

Por otra parte, la gente podía reconocer a Selena con cualquiera de los dos apellidos. Ella era reconocida por ser una cantante famosa, el apellido no le cubría el rostro.

Durante la segunda parte de la entrevista, D'Silva aparece como el nuevo confidente de Selena después de que ella le retiró su confianza al doctor Martínez. También comentó que decidió dejar de trabajar con él después del funeral.

"Tuvimos una discusión de la que ahora no quiero hablar, pero yo en realidad estaba buscando una razón para dejarlo, porque ya me sentía un poco mal después que vi a Selena y todo eso.

"Eso fue después que llegué del funeral de Selena, decidí tomar esa decisión por cosas muy íntimas que ahora no puedo revelar".

"Después el doctor contrató a un guardaespaldas, no sé porqué. Yo sí tengo mucho resentimiento, pero por ese resentimiento he decidido no revelar más por ahora, que él conteste ahora lo que he dicho porque esto es algo que está entre él y yo".

"Yo todavía le debo muchos favores a él —aclaraba—, pero él también me debe, por eso prefiero que él conteste. Sufrí mucho, como seis meses, sin trabajo, pero aguanté todo eso. En ese tiempo estaba por casarme, pero yo aguanté porque no quise trabajar más con él.

"Él me dio su carro para ir al funeral de Selena en Corpus Christi, yo creí que él iba a ir, pero no fue, no sé porqué, solo él lo sabe."

D'Silva habló sobre la buena relación que había entre Yolanda y él. Expresó sus dudas de que ella hubiera querido asesinar intencionalmente a Selena. "Si ella hubiese querido matarla, le habría disparado más veces, y no una vez y en el lado opuesto del corazón. Le habría disparado a la cabeza o a otro lado."

También comentó que Yolanda había llamado varias veces a la clínica del doctor Martínez. "Un día antes de la muerte de Selena, Yolanda nos llamó como unas seis veces por celular a la clínica pidiendo ayuda porque decía que la habían violado en la carretera cerca de McAllen".

"El doctor primero tuvo la impresión de que estaba mintiendo y dijo que estaba loca, pero él pensaba eso por los problemas que ya había entre ellos.

"Yolanda habló como cinco veces a la clínica, dos veces la atendió la secretaria del doctor, porque él no quería hablar con ella. Dos veces hablé con ella porque el doctor me dijo, y fue cuando Yolanda me comentó que la habían violado tres personas mexicanas. Pero yo tengo mis dudas, yo creo que sí pudieron ser mexicanos, pero mexicano-americanos, porque después de oír tanto decir a Yolanda de los problemas que tenía con el papá de Selena… me dejó algo que pensar.

"Ella también nos comentó que la había seguido hasta Monterrey un carro cuando estuvo días antes de la muerte de Selena en mi departamento, pero se tuvo que salir porque yo regresaba de Brasil".

"Después ella se quedó en un motel aquí y se fue a Corpus Christi, y fue en el camino que pasó la violación."

Cuando le preguntaron cómo era su relación con Yolanda, dijo que "era muy buena persona, porque una vez Selena me dijo que la consideración que tuviera con ella también la tuviera con Yolanda".

Respecto de que si ella celaba a Selena, mencionó: "Sí, pero era un celo de empleado para su jefe. Si tú me pagas muy bien yo tengo que celar a otra persona que quiere tomar mi puesto. Ella cuidaba mucho los intereses de Selena, era una tremenda trabajadora y Selena la quería mucho, Yolanda cuidaba mucho a Selena, como una hija.

"Ella lo que hacía era prevenir que Selena cayese en algo malo. La corregía porque la quería como una hija. Yolanda se sentía muy mal al ver que todas las personas trataban de influenciar a Selena para estar en contra de ella y eso me lo dijo muchas veces Yolanda.

"Ella se llevaba bien conmigo porque la confortaba y le decía que tenía un puesto privilegiado, y que toda la gente la envidiaba, por lo que tenía que soportar todas las envidias para poder estar bien con Selena."

Al terminar de leer esta parte de la entrevista me extrañó muchísimo el comentario que hace sobre la violación, ya que nunca se comprobó que Yolanda hubiera sufrido algún ataque sexual, incluso durante el juicio cuando se interrogó a las enfermeras que la atendieron en el hospital, una de ellas dijo que sólo le había encontrado una marca en el cuello; otra enfermera señaló que Selena se molestó mucho con Yolanda al darse cuenta de algunas incongruencias. Sin embargo, D'Silva daba por hecho la violación, hasta dejó entrever con sus comentarios que probablemente esa violación fue tramada por don Abraham, al mencionar que quizá no fueron mexicanos, sino mexico-americanos *en relación* con los problemas existentes entre Yolanda y el papá de Selena.

En la tercera y última parte de la entrevista, D'Silva aseguró que Selena nunca pudo ser feliz, ya que don Abraham siempre mostró mayor interés en ella como artista que como hija.

Hablaba de una Selena infeliz en su matrimonio, que según él se casó con Chris para salirse de su casa, porque a ella le gustaba otro muchacho. ¡Increíble!

También se refería a Selena como una persona temerosa de su papá, porque don Abraham era muy duro con ella.

Se le cuestionó sobre lo que no le gustaba a Selena de su papá:

"Su ambición, porque él todo lo que quería era tener un estudio de grabación, y todo eso salió con el dinero de Selena y Los Dinos. Que me diga Abraham cuál era su otra profesión que tenía, de no ser ésa. Con qué dinero consiguió un estudio tan grande como el que tenían, de dónde salió el dinero. Eso era lo que no le gustaba a Selena.

"Su padre la manipulaba mucho —prosigue—, ellos le pagaban muy poco porcentaje a ella, ya que lo demás era todo para su familia."

De verdad me sorprendía que hablara con tanta familiaridad sobre don Abraham y el resto de la familia, como si los conociera de toda la vida y conviviera con ellos todos los días para saber el teje y maneje de su vida y sus finanzas.

El reportero de *El Norte* le preguntó cómo era su relación con don Abraham y respondió de manera contradictoria.

"Yo no tuve mucha relación con él —admite—, sólo lo vi en San Antonio una vez y otra en la casa de Suzette, cuando nos ofrecieron una carne asada. En esa reunión estábamos el doctor, Óscar Flores y la familia de Selena. Por cierto, esa vez Selena fue la que cocinó todo y era una excelente cocinera, le gustaba mucho eso."

Después habló del problema que tuvo con don Abraham:

"Como Selena se quedaba en mi departamento, ella hizo muchas llamadas a Los Ángeles, Tenessee y otras partes de Estados Unidos. Eso era cuando yo me iba a Brasil con el doctor y ella se quedaba con Yolanda en el departamento. La cuenta de esas llamadas nadie me las pagó.

"Fui a Telmex para que me sacaran de la computadora todos los recibos y se los mandé porque él me lo pidió. Después de un tiempo hablé y Abraham me dijo que no me iba a pagar nada porque lo estaba chantajeando, y me dolió mucho.

"Después cuando vino su hermano Isaac y no tuvo consideración conmigo y me pagó sólo algunas llamadas, ya que dijo que las demás habían sido hechas por Yolanda. Pero si Yolanda estaba en mi departamento era porque Selena la había llevado, porque a la que le di la llave del lugar fue a ella.

"Ellos me pagaron sólo 120 dólares, cuando la cuenta fue aproximadamente de 5 mil 900 pesos."

Resulta evidente el resentimiento de este hombre. Días después de esta serie de publicaciones, don Abraham tuvo su derecho de réplica, reveló algunos cosas y aclaró otras.

Desde el punto de vista de don Abraham, D'Silva sólo estaba repitiendo las palabras que Yolanda Saldívar había pronunciado en el juicio, por lo que consideraba que había cierta comunicación entre ellos.

También dio a conocer que D'Silva le estaba solicitando un pago por 5 mil dólares como comisión por haberlo contactado con los dueños del Far West Rodeo, el lugar donde Selena se presentó por última vez en Monterrey, en diciembre de 1994.

El problema vino cuando don Abraham le aclaró que no le pagaría nada porque no lo habían acordado, ni verbalmente ni por escrito. Entonces D'Silva lo amenazó con hablar mal de él y su familia con la prensa si no le pagaba.

Después, también entrevistado por *El Norte*, el dueño del rodeo Far West declaro que D'Silva le solicitó el pago de 24 mil pesos como comisión por haberlo puesto en contacto con la familia de Selena. Es decir, el señor D'Silva estaba intentando dobletear con esto de la comisión pero, a diferencia de don Abraham, el dueño del Far West sí le pagó.

Casi al finalizar su entrevista el señor D'Silva hizo una declaración que llamó mucho mi atención.

"Hay mucha gente detrás de Yolanda que se está escondiendo. Estoy seguro que alguien le preparó una trampa a Yolanda en alguna parte, porque la querían perjudicar, pero por el momento prefiero no decir más de eso."

Estaba más que comprobado que Yolanda acudió a una tienda para comprar la pistola; que tenía la firme intención de reunirse a solas con Selena y que ella fue quien disparó la bala que le quitó la vida a Selena, quien incluso la acusó antes de morir.

El juicio ya había terminado, Yolanda aceptó haberle disparado, y de plano este señor no entendía que la trampa se la había tendido Yolanda a Selena…

¿Cuáles eran sus razones para defender tanto a Yolanda?

Ante esas imprecisiones, contradicciones y declaraciones tan desviadas de la realidad, llegué a la conclusión de que realmente quien le platicaba las cosas a su modo era Yolanda Saldívar y no Selena como él decía, las daba por hecho, sacaba sus propias deducciones y después las contaba como si él las hubiera vivido. Era evidente la simpatía entre ellos, los dos tenían el puesto de asistentes, por lo que también había cierta identificación.

De verdad que esto ya se había convertido en un cochinero. Primero el doctor declaró que Selena podía estar enamorada de él, cuando en realidad era él quien quería algo más que amistad con ella; después el señor D'Silva se presentó como el confidente íntimo de Selena, a quien mostró como una persona muy infeliz en su matrimonio y su relación con el resto de su familia; era él quien le alegraba la vida… Y por último, Yolanda Saldívar, quien desde su perspectiva de fan idealizó y se obsesionó con la artista hasta convertirla en lo más perfecto para ella, formando su propio mundo en torno a quien más admiraba.

¿Qué fue lo que movió a estas personas a actuar de esa manera? ¿Fue el afán de protagonismo?, ¿el resentimiento?, ¿la venganza?

Hicieron exactamente lo que Selena nunca haría: juzgar a los demás. No les importó hablar sin ton ni son de ella y su familia, dejando de lado el supuesto cariño que decían tenerle. Si realmente la hubieran conocido tan bien sabrían que ese tipo de cosas es lo último que Selena desearía.

Cada uno se sintió dueño de la verdad absoluta y despotricaron contra quienes ellos consideraban estaban mal, sin medir las consecuencias de sus palabras. ¿Quién les daba el derecho para hacer esto?

Pero, afortunadamente, la información no paró ahí, el periódico indagó más sobre todos estos supuestos secretos, cosa que desde mi punto de vista debieron de haber hecho desde el principio, antes de empezar a publicar todas esas cosas.

XX
Falsos rumores 3

Con las entrevistas publicadas en *El Norte*, empezaron a surgir las contradicciones y aclaraciones entre todos. Se pudo apreciar la pésima relación entre Yolanda Saldívar y el doctor Ricardo Martínez, y después D'Silva sacó a flote su resentimiento hacia el doctor Martínez y hacia don Abraham, empezó a despotricar contra ellos y defender a Yolanda Saldívar.

De hecho, le preguntaron si le gustaría visitarla en la cárcel, a lo que respondió: "Sí me gustaría, no para saber lo que hizo, sino para conocer porqué ha callado muchas cosas".

Me atrevería a decir que todos queríamos saber las razones por las que Yolanda había matado a Selena, y a él lo que le preocupaba era porqué Yolanda no hablaba de ciertas cosas; después hizo otros comentarios: "Chris sí sabe que había mucha manipulación de parte de su papá [de Selena], él sabía de todos estos problemas, por eso cuando él decida hablar se van a saber muchas verdades también".

Y otro más: "Todavía falta mucho por revelar y creo que la mamá de Selena también es una persona que, cuando se decida a hablar, va a decir muchas verdades".

Me daba la impresión de que al mencionarlos a ellos buscaba una especie de soporte o respaldo para lo que decía. No me daba mi cabeza para entender cómo él pretendía que Chris y la señora Marcela pudiesen entrar al juego de dimes y diretes en los medios de comunicación que solamente causaban más dolor a la familia.

Mes y medio después de sus desafortunadas declaraciones, se publicó otra declaración del doctor Ricardo Martínez, esta vez en la revista *People*. Aseguraba que Selena era una persona honesta y respetable, y negó haber sido más que amigo de Selena; tal vez entendió su error tan grande y como estaba bien metido hasta el cuello, ahora trataba de remediar la situación, aunque desgraciadamente el daño ya estaba hecho.

Días después, *El Norte* consiguió entrevistar a Yolanda Saldívar en la cárcel y la publicó en cuatro partes.

En la primera parte Yolanda aclara que no cobra por las entrevistas y que ha recibido muchas cartas de México expresándole su apoyo. En seguida habla sobre sus sentimientos a un año de la muerte de Selena:

"Aunque tengo confianza en salir libre algún día, yo nunca podré ser una persona normal, porque a donde quiera que vaya voy a ser señalada.

"Yo estoy marcada de una forma que no hay escape para mí. Yo estoy en medio de un lugar que para donde quiera que vea no encuentro la salida.

"No tengo la suerte que tú tienes de andar por donde quiera y hacer lo que quieras. No voy a ser la misma porque simplemente estoy muerta en vida".

Al cuestionársele sobre las cosas que ella y Selena compartían, declaró que "Hay muchos secretos que compartíamos tanto a nivel personal como profesional, todo me lo platicaba. Por lo que quede bien claro que ahora no tengo miedo de decir toda la verdad".

Según Yolanda, Selena se sentía muy agobiada y buscaba una salida para alejarse de su padre. "Es por eso que quería irse a vivir a Monterrey y dejar a su papá y a su esposo Chris."

En la segunda parte de la entrevista, Yolanda declaró que Selena estaba enojada con su hermana Suzette, quien sentía celos de que a Selena le fuera tan bien. Afirmó que Suzette le ofreció trabajo, pero a Selena le disgustó enterarse de eso.

Yolanda aclara que Selena no viajaba a escondidas a Monterrey, cuando lo hacía siempre avisaba a don Abraham y a Chris, lo que resulta obvio.

En la tercera parte de la entrevista, comenta que Selena ya estaba en tratos para adquirir una casa en Monterrey, ya que según ella, se sentía libre en la ciudad, sin ningún tipo de presiones.

"Selena estaba muy emocionada con el hecho de vivir en Monterrey, se sentía muy bien."

También dice que, en Monterrey, Selena encontró a una persona que sí la apoyaba en sus negocios: el doctor Ricardo Martínez.

En la cuarta y última parte, se refiere a la supuesta relación de Selena con el doctor, se le cuestionó sobre las declaraciones de este último acerca de que Selena podía estar enamorada de él.

Yolanda: Para mí que fue al revés, él andaba enamorando a Selena. En todos los lugares que íbamos, él llenaba el cuarto de flores a Selena. Me acuerdo que en una ocasión, en el hotel Fiesta Americana, el doctor le envió un arreglo muy grande, que tuvimos que dejar la base en el hotel porque nosotros íbamos a tomar el avión y se quedó ahí.

Reportero: ¿Qué veía Selena en el doctor?

Yolanda: Ella confiaba en él como un padre porque le daba mucha seguridad y cariño. Tenía en él, el querer de un padre y el amor de un hombre.

El doctor le inspiró mucha confianza a Selena porque él sabía mucho de Monterrey, ya que como trabaja de médico conocía a mucha gente y estaba ayudando a Selena en su negocio y eso a ella le gustaba mucho.

Le llegó a tener tanta confianza que Selena hacía lo que él decía, si al doctor no le gustaba una tienda para su negocio, ella le hacía caso.

Reportero: ¿Alguien sospechaba lo que estaba pasando?

Yolanda: Me acuerdo de una ocasión en que citamos a Sandra Gaona, la gerente de la boutique de Selena en Monterrey, para hablar del negocio. Ella me sacó a un lado para preguntarme qué estaba pasando entre Selena y el doctor y yo le dije que no sabía nada.

Entonces Sandra me comentó que el doctor se le hacía muy viejo para Selena.

Definitivamente todo esto no encajaba con las conversaciones que Selena y yo sostuvimos, principalmente en la última ocasión en que nos vimos.

El sueño de tener su propia marca de ropa prácticamente ya era una realidad, y el siguiente sueño a realizar era el de convertirse en mamá. En ese momento ya colocaba sus sueños por delante de todo, y aunque el lanzamiento de su disco en inglés era algo sumamente importante, todo lo relacionado con esto tendría que ajustarse a su próxima faceta de madre, bien me dijo que ella podía con todo, pero me necesitaba con ella.

Llegué a la conclusión de que en el momento en que tuvimos esa plática Selena estaba reflexionando y revalorando sobre todo lo que sucedía en su vida; ella se encontraba en medio de una telaraña de confusión provocada por estas tres personas, les había permitido adentrarse en sus asuntos a tal grado que se sintieron dueños de su vida y querían ser más que los otros en su relación con ella; llegó el momento en que perdió el control sobre ellos, y se acentuaron las fricciones entre estas personas: Yolanda trataba de ponerla en contra de el doctor, y al mismo tiempo el doctor trataba de hacer lo mismo contra Yolanda, D'Silva finalmente servía a los intereses del doctor, que según lo declarado, buscaba algo más.

Pensé que Selena quería separarse, si no definitivamente, al menos sí un poco del doctor y de D'Silva, ésa era la única manera de empezar a poner orden. Respecto a Yolanda, probablemente ya empezaba a desconfiar en serio; por eso la urgencia de hablar conmigo, ponerme al tanto de las cosas y saber mi opinión; ésa era la razón por la que me pidió que la acompañara todo el tiempo, quería que yo observara todo el movimiento con estas personas con las que se sentía incómoda, aunque es probable que en ese momento no se los demostrara; ésa era la parte con la que yo no estaba familiarizada, por eso me tenía que explicar todo desde el principio.

¡Qué difícil debió ser para Selena llegar a pensar siquiera que este doctor pudiese tener otro tipo de intenciones, cuando ella lo que sentía era agradecimiento y afecto!

Por otra parte, desde el momento en que Selena llegó por primera vez a Monterrey, en 1992, se enamoró de la ciudad. En varias ocasiones me externó su deseo de comprar una casa con la intención de pasar temporadas, pensando en que más adelante la necesitaría cuando abriera su boutique; incluso se publicó un comentario al respecto en el periódico *ABC*, no recuerdo exactamente la fecha pero fue en 1992. Para eso quería ella la casa, no para salir huyendo de su familia.

Sentí impotencia y hasta un poco de coraje conmigo misma sólo de imaginar a Selena en medio de ese triángulo formado por el doctor Ricardo Martínez, su empleado Sebastián D'Silva, y Yolanda Saldívar, en una lucha de poder por demostrar quién tenía más influencia sobre Selena, buscando primero ganarse su confianza para después influir en sus decisiones.

Todo parecía indicar que esa lucha continuaba después de la muerte de Selena, en especial porque podían afirmar lo que se les antojara, ¿quién les iba a decir que no era cierto? La única persona que podía hacerlo ya no podía defenderse.

Con todo esto, me preguntaba cómo llegó Selena a ese punto, y no dejaba de reprocharme que quienes estábamos cerca de ella la dejamos sola en su afán por lograr su sueño de tener su propia marca de ropa.

Quizá Selena, en este sentido, pudo haber comentado algo sobre la falta de apoyo de su familia, pero había que conocerla para interpretar lo que eso significaba para ella. Creció dentro de una familia muy unida, y así como estaban juntos en la música, ella deseaba que estuvieran apoyándola de la misma forma en su faceta como diseñadora de modas.

Ella se encontraba feliz de que ese sueño poco a poco se hacía realidad, y quería que su familia lo disfrutara tanto como ella, pero el hecho de que no se involucrara en su proyecto de manera total le provocaba cierta frustración.

Don Abraham consideraba que eso sólo le quitaría tiempo para su carrera como cantante. AB siempre estaba haciendo música. Suzette ya era una mujer casada y además tenía a su cargo todo lo relacionado con la venta de souvenirs de Selena y los Dinos. Chris y la señora Marcela eran los que más la apoyaban y compartían este sueño; sin embargo, la señora Marcela no viajaba con ella, porque estaba siempre al lado de don Abraham, y Chris, al igual que AB, solo pensaba en la música, y como confiaba plenamente en Selena no le incomodaba que viajara con Yolanda a Monterrey.

Por último yo, pudiendo darle mi apoyo en Monterrey, tampoco estuve ahí. No porque no quisiera, sino por mis constantes viajes, además de nuestro acuerdo de que pasarían algunos meses antes de que me fuera a Corpus Christi con ella.

XXI
Sueños destruidos

Para Selena era complicado comprender que los tiempos eran muy diferentes, se había convertido en una cantante famosa y exitosa, y para mantener por buen camino una carrera que crecía tan vertiginosamente como la de ella era necesario dedicarle bastantes horas al día. Su agenda de presentaciones y promoción la manejaba don Abraham, ella sólo se dedicaba a cumplir con todos sus compromisos, siempre de una manera muy profesional. Así se manejaron siempre las cosas, desde que era una niña.

Conociendo la personalidad de Selena y el movimiento del grupo, desde afuera no era difícil entender que don Abraham no desviaría ni siquiera un milímetro su atención para darle una palmadita en la espalda a Selena y alentarla a seguir con su proyecto de la línea de ropa, desde la perspectiva de don Abraham como manager eso era lógico, él quería que Selena se concentrara en su carrera como cantante, porque con el lanzamiento de su disco en inglés todo apuntaba para que se convirtiera en una estrella de categoría mundial, para eso se iba a requerir de toda su atención y todo su tiempo.

Desde el punto de vista de Selena, sin embargo, las cosas eran muy diferentes. A pesar de que sabía lo que podía suceder con su carrera, ella tenía sus prioridades y éstas iban mucho más allá de convertirse en la mujer famosa a nivel internacional por lo que su familia y su disquera trabajaban tanto, el tan ansiado *crossover*.

Ellos buscaban una cosa, Selena tres, y en dos de ellas ya estaba trabajando. A la vez que repartía su tiempo entre los preparativos del lanzamiento de su línea de ropa en México y la grabación de su primer disco en inglés no dejaba de pensar en su otra prioridad: convertirse en madre.

Como se comentó en capítulos anteriores, ese deseo ya revoloteaba en su cabeza desde tiempo atrás, pero no era fácil para ella tomar la decisión por todas las implicaciones que traería consigo su decisión. El peso de cargar con la responsabilidad del grupo la hacía contener su deseo de tener a su primer hijo.

Pero ella ansiaba con todo su corazón realizarse como madre. No quería esperar más, amaba a Chris y él a ella, pero desde que se casaron las cosas no se podían dar como lo deseaba, no por falta de amor, solamente por falta de decisión y valor. Le preocupaba que en algún momento se presentara alguna situación que Chris no pudiera soportar, sabía que esa parte solo la podía resolver ella.

Para conseguir la armonía que tanto deseaba en su matrimonio, Selena tenía que empezar por tomar las riendas de su vida, y para eso primero tenía que ser dueña de su tiempo.

Ésa era la razón por la que desde hacía tiempo tenía en mente varios cambios en la organización del grupo, cambios que muy pronto empezaría a aplicar.

Meses antes tuvimos una plática en Monterrey que estaba muy relacionada con todo esto; fue cuando me pidió nuevamente que me fuera a Corpus. Quería que yo fuera su manager personal; su papá seguiría siendo su representante, pero sólo tendría a su cargo la planeación de las giras de acuerdo con las indicaciones de ella; él ya no tomaría decisiones que tuvieran que ver con el desarrollo de su carrera. Selena deseaba gozar de total libertad para administrar tanto su vida personal como profesional.

La separación parcial con su papá sería el primer paso, seguramente también el más difícil y estresante, ya que ella deseaba que la relación familiar no se dañara. Don Abraham tendría que entender que Selena ya era una persona adulta que sentía la necesidad de tomar sus propias decisiones.

Desde las últimas veces que nos vimos se podía percibir que don Abraham se daba cuenta de que ya no tenía el control total sobre su hija; principalmente se presentaban diferencias profesionales. Había ocasiones en que él trataba de imponer su voluntad sobre algo en lo que ella no estaba de acuerdo y en seguida venía una discusión. Por lo general Selena terminaba haciendo lo que su papá quería, pero no sin antes expresarle su punto de vista y hacerle entender que su opinión también contaba.

Selena quería disfrutar de la vida respirando libertad, soñaba con vivir en su nueva casa, rodeada de la naturaleza, con Chris y su bebé; a esto hay que agregarle otras mascotas que deseaba adquirir, además de las que ya tenían en casa. De alguna manera ella se las arreglaría para atender sus boutiques, su línea de ropa, la promoción del disco en inglés, los conciertos, las mascotas, a Chris y, principalmente, a su bebé. Estaba segura de que podía con todo, pero necesitaba esa libertad para hacerlo.

Cuando tuvimos nuestra última conversación y me pidió que hablara con el señor Flores porque me necesitaba cuanto antes, entendí que iba a empezar todo esto, se avecinaban tiempos de mucha presión por parte de don Abraham, para ella y para mí.

Todos esos sueños destruidos en un segundo pasaban por mi mente. Las cosas se le presentaron a Selena de tal manera que la fueron empujando hacia las personas que de una u otra forma se fueron cruzando en su camino; personas desconocidas que, en el preciso momento en que lo necesitó, le brindaron su apoyo. Ése fue el único camino que encontró para seguir adelante en el desarrollo de su línea de ropa.

XXII
Selena, el mito

Después de toda esta guerra de declaraciones, vinieron unos meses de aparente calma.

El cariño de los miles de fans que la conocieron en vida y convivieron aunque sea por un instante con ella permitió que se mantuviera limpia la memoria de Selena, tan vapuleada en las últimas semanas por la lengua tan irresponsable de esas personas.

Para el primer aniversario de su muerte Selena era un ícono de la cultura hispana en los Estados Unidos, modelo a seguir e inspiración de muchos latinos en una constante lucha por ver sus sueños hechos realidad.

La ciudad de Corpus Christi recibió la visita de miles de admiradores que hacían el recorrido desde el lugar donde fue asesinada hasta la casa donde vivió con su esposo Chris Pérez. Don Abraham anunció la filmación de una película sobre la vida de Selena. Y se realizó un gran baile homenaje en el Casino Apodaca, ciudad donde Selena encabezó lo que podemos llamar su primer baile masivo en México, reuniendo a 18 mil personas que enloquecieron con su música. Esa misma noche se develó ahí mismo la primer estatua en su honor.

Las principales ciudades de Texas no se quedaron atrás y festejaron con homenajes y ceremonias religiosas en su honor.

A mediados de año la defensa de Yolanda Saldívar presentó la apelación de su caso, buscando un nuevo juicio porque consideraba que el fallo del que se realizó no era justo. Unos meses después la apelación fue rechazada.

Más o menos en esas fechas nuevamente me sucedió aquella situación tan extraña y perturbadora que viví poco después de la muerte de Selena. Había estado bajo mucha tensión por situaciones que se presentaron en la oficina con el manejo de los artistas, incluso hasta pensé en visitar a la masajista porque ya no soportaba el dolor en la nuca y los hombros, seguramente mis nervios estarían hechos un nudo.

Una madrugada empecé a sentir en mi interior eso que me parecía como una bola de gelatina recorriendo todo mi cuerpo de pies a cabeza. Finalmente, igual que en la ocasión anterior, la sensación se concentró sólo en la nuca y el cerebro. De pronto me encontré nuevamente en ese túnel nebuloso que ya no me pareció tan desconocido, era el mismo de la vez anterior.

En esta ocasión no intenté aferrarme a algo para detenerme, sabía que de nada serviría empezar a "manotear"; me relajé y me dejé llevar dócilmente a esa velocidad tan impresionante que por momentos me hacía sentir que me desintegraba.

Cuando todo paró, abrí mis ojos y me vi hincada en el piso de un cuarto; apenas entraba una tenue luz por las ventanas que carecían de cristales; muy despacio empecé a recorrer la habitación de izquierda a derecha, mi mirada se detuvo en la ventana. Afuera había un árbol, varias plantas y muchas hojas tiradas, era un jardín muy descuidado; en el interior no había un sólo objeto, parecía un lugar abandonado, con ese color gris del cemento cuando aún no ha sido pintado.

Continué lentamente mi recorrido con la mirada y de reojo percibí la presencia de una persona hincada en la misma posición que yo, justo a mi lado derecho. Me sobresalté y di un brinco, retirándome un poco. Cuando la vi de frente, me di cuenta de que era Selena.

"Me asustaste", le dije sorprendida y tratando de justificar mi acción. Ella sonrió de una manera muy dulce y me extendió sus brazos, yo me incorporé para abrazarla. Ahí, hincadas como estábamos, me estrechó muy fuerte; yo también me aferré a ella de la misma forma. No nos dijimos nada. Después de un instante sentí que algo entró en mi interior, era como si una energía fluyera dándole vitalidad a todas y cada una de las partes de mi cuerpo, sentía cómo mi pecho y mis pulmones se inflaban, como si todo mi ser se oxigenara.

Así permanecimos por un largo momento sin decirnos nada. De pronto cesó dicha sensación y me vi nuevamente viajando en el túnel; a diferencia de la ocasión anterior, ahora me sentía bastante fortalecida y sin miedo a lo desconocido, comprendía que estaba de regreso.

Al abrir los ojos estaba acostada en mi cama, ni siquiera encendí la lámpara, no estaba desconcertada ni asustada como la primera vez, tenía muy claro lo que había sucedido y me sentía muy bien, hasta me atrevería a decir que estaba invadida por una extraña felicidad, había estado nuevamente con Selena.

Desperté con el primer rayo del sol. Faltaba bastante tiempo para que la alarma del reloj sonara. Sin titubear me levanté, me bañé y hasta desayuné, estaba impaciente por llegar a la oficina, me sentía como nueva, muy fuerte y relajada, el dolor y la tensión en mi nuca y mis hombros había desaparecido por completo, sentía que podía enfrentar y resolver todos esos problemas que me tensaban, mi mente y mis pensamientos estaban más claros que nunca.

Recordaba perfectamente lo que había sucedido durante la noche y estaba segura de que este cambio que experimentaba mi cuerpo fue provocado por Selena. Me preguntaba qué era lo que me había hecho, porque no tenía ninguna duda de que me había hecho algo.

Me cuestionaba cómo era posible que algo que sucedió en el plano donde ella está pudiera sentirlo en mi mundo real, físicamente. Durante varios días sentí que podía con todo y estaba feliz, hasta le ponía buena cara a los problemas. Esa actitud me ayudó en gran medida a solucionarlos favorablemente.

Y fue precisamente uno de esos momentos en que me encontraba más tranquila leyendo el periódico, cuando me topé con información sobre un estudio sociológico que un investigador realizó con el objetivo de comprender porqué Selena era considerada un mito, además tenía el propósito de entender los intereses comerciales de disqueras o medios de comunicación con el apoyo de la familia Quintanilla.

En particular, un comentario llamó mucho mi atención. El investigador decía que habló con algunos fans que manifestaron sentirse como poseídos por el espíritu de Selena, hablaban también de apariciones, lo que daba a la imagen de Selena un sentido religioso.

Vino a mi mente la niña que visité meses atrás que aseguraba que Selena se le apareció. Todo parecía indicar que ella no era la única con esas ideas. Pero todo quedó allí, ya no volví a pensar más en el asunto.

En ese tiempo se dieron a conocer los pormenores de la película de Selena, sería estelarizada por la actriz Jennifer López y comenzaría a rodarse a finales de agosto en San Antonio, Texas. Tendría por título *Selena*, la dirección estaría a cargo de Gregory Nava, sería producida por Moctezuma Esparza y Robert Katz; la producción ejecutiva correría a cargo de don Abraham Quintanilla y la distribución por cuenta de la Warner Brothers.

La filmación se realizo en varias ciudades como Corpus Christi, Houston y San Antonio, Texas. Se fijó como fecha de estreno el 21 de marzo de 1997.

Más o menos un mes antes del estreno y del segundo aniversario de su muerte, el periódico *El Norte* publicó una entrevista con el investigador que estaba realizando el mencionado estudio sociológico sobre Selena. "Dicen que Selena se aparece" fue el encabezado de esa nota. Como para llamar la atención de cualquiera.

Me dispuse a leer con mucha atención la entrevista en la que Luis García Abusaid, el investigador, hablaba sobre los resultados del estudio patrocinado por el Programa de Becas Gateways, de la Fundación Rockefeller, y administrado por el Centro Cultural Guadalupe de San Antonio. La conclusión era la siguiente.

"En vida Selena fue una reconocida artista. Pero ahora, la gente la compara con la virgen de Guadalupe, con el presidente Kennedy, y hasta le rinde veneración casi religiosa: así es como una celebridad artística se convierte en mito cultural".

Y la nota continuaba:

"Según las investigaciones del sociólogo Luis Garcia Abusaid, para estas alturas la gente considera a Selena un ícono cultural de veneración religiosa. Dicen que se aparece, que está viva, que cura males, y que su alma estará en pena hasta que Yolanda Saldívar no reciba el castigo justo.

"Hemos tenido noticias de que en el sur de Texas dicen que ella se aparece y que ha curado gente. Habla también frecuentemente a través de espiritistas. Dicen que está viva, dicen que se le ha visto en el sur de Texas; eso es en San Antonio".

La información continuaba:

"En Corpus Christi decían: 'Selena —lo hemos mencionado al alcalde— se aparece sin maquillaje, pide ayuda para encontrar a su perro', en el caso de Monterrey dicen 'Se aparece donde la mataron, su alma está en pena hasta que no se castigue a Yolanda Saldívar', que no hay pruebas de que estaba en el ataúd, por lo que se dice que está viva y en silla de ruedas."

Según Abusaid, "uno de los hallazgos es que el mito de Selena sigue vigente, los fanáticos son capaces de crear su propia mitificación de Selena, aunque ellos no beben todo lo que dicen los medios, ni compran todo lo que hay sobre Selena".

Y al cuestionársele sobre qué hubiera pasado si Selena no hubiera muerto, su respuesta fue: "Pues seguiría siendo una celebridad artística, pero no un mito".

El estudio era muy interesante, pero las respuestas de los entrevistados me parecían ciertamente fantasiosas. Mi conclusión era que esos fans se resistían a aceptar la muerte de Selena y se imaginaban historias.

En fin, lo único cierto es que Selena seguía siendo amada por miles de admiradores.

XXIII
La historia continúa

Pero volviendo al mundo terrenal, empezaron los preparativos para el estreno de la película. Antes del estreno a nivel nacional, se realizaron varias presentaciones en ciudades como Corpus Christi, Los Ángeles, Houston y Nueva York. *Selena* se estrenó con bastante éxito y recibió innumerables elogios de parte de la crítica especializada en Estados Unidos.

Rápidamente el filme se convirtió en un suceso y llegó a ser la más importante película latina producida en Estados Unidos, no sólo por la gran aceptación entre el público latino y anglosajón, sino por la rápida recuperación de los 20 millones de dólares que costó la producción.

Yo tuve la oportunidad de verla en Monterrey durante la premier que organizó *El Norte* a fines de abril, pocas semanas después de su estreno en Estados Unidos.

Por principio de cuentas pensé que sería muy difícil para mi verla, pero no fue así, realmente me gustó mucho la actuación de Jennifer López, fue estupenda, pero creo que inconscientemente yo esperaba que actuara exactamente como lo hacía Selena en vida; a pesar de su gran interpretación solamente sentí una escena donde hizo un gesto con la espontaneidad de Selena. Me refiero a la escena donde conoce a Chris, cuando Suzette le está cortando el pelo a él, Selena baja de su habitación y se recarga en el marco de la puerta para verlo, da su aprobación, se esconde detrás del marco y le hace un gesto a Suzette de que está muy bien. Probablemente mi percepción fue así porque conocía muy bien las reacciones y los gestos de Selena pero, bueno, entendí que se trataba de una película y que no era Selena quien estaba en la pantalla, la disfruté como tal.

Durante la proyección reconocí en algunas escenas cosas que Selena me había platicado, como su boda en secreto, aunque me hubiese gustado que la incluyeran completa, o la discusión en el autobús cuando don Abraham se da cuenta que hay algo entre Selena y Chris.

Hay varios detalles que se dejan ver de manera muy natural, casi imperceptible, pero formaban parte de la vida diaria entre Chris y Selena como pareja. Por ejemplo, en la escena en la que Chris le pone salsa picante a la pizza, o en la camioneta, cuando están comiendo hamburguesas y Chris pide salsa... Era realmente así, Chris le ponía salsa a todo y a Selena no le gustaba eso, sobre todo si ella preparaba platillos más sofisticados, con algún ingrediente especial. ¡Le daba el ataque porque echaba a perder el sabor!

Otro de estos detalles se presenta cuando Chris debe irse durante alguna horas y Selena solía decirle "dame un beso" y, en seguida, "dame otro". También cuando es niña y le dice a su papá que el español se le dificulta mucho porque batalla con la doble "r", algo que le sucedía incluso en su etapa adulta con las palabras con las que no estaba familiarizada, aunque de inmediato se ponía a practicar para pronunciar bien.

Terminó la película y, contrario a lo que yo misma esperaba, no lloré, bueno, ni siquiera derramé una sola lágrima, a diferencia de muchas personas que salieron llorando del cine. La razón es que realmente yo veía a Jennifer López, no a Selena. Igual sucedía con el resto de los actores; no veía a AB, don Abraham o a la señora Marcela, pero la mayoría de la gente sí veía, reía y lloraba con Selena; definitivamente, Jennifer López los mantuvo cautivos, despertando profundas emociones.

El éxito logrado con la película hizo que Hollywood se estremeciera ante la fuerza del entorno hispano en la Unión Americana. Esto marcó la pauta para que se considerara de manera seria la posibilidad de realizar más producciones de calidad con importantes inversiones de millones de dólares. La prueba de fuego fue rebasada por mucho con *Selena*, que superó todas las expectativas recaudando muchos millones más de lo que se esperaba.

Semanas después, en un homenaje que la ciudad de Corpus Christi le rindió a Selena, fue develada su segunda estatua en el "Mirador de la Flor", ubicado en el boulevar Shoreline que corre a lo largo de la bahía, frente al mar.

Todo lo relacionado con el nombre de Selena vendía muy bien en los medios de comunicación, por eso estaban atentos a cualquier rumor, chisme o declaración que surgiera en torno a ella, gracias a Dios que en ese tiempo la internet estaba prácticamente en pañales, de lo contrario muy probablemente personas mal intencionadas hubiesen utilizado todas las declaraciones que los medios publicaban para terminar de destrozar su memoria y su legado.

A tres años de su muerte, en 1998, Selena seguía manteniéndose como una de las mas grandes vendedoras de discos, el lanzamiento de su producción titulada *Antología* se convirtió en un suceso.

Por su parte, Chris dio a conocer su nueva banda, pero ahora interpretando rock, que era uno de sus géneros predilectos; por algo uno de sus grupos favoritos era Guns N' Roses. Después grabó su primer disco con el que incluso ganó un Grammy en el año 2000, cosa que incomodó a algunos que creían merecerlo más que él.

Don Abraham inauguró el Museo de Selena en Corpus Christi, más específicamente a un lado de las instalaciones de Q Productions. En este museo la gente puede apreciar todos los premios y reconocimientos que Selena obtuvo durante su carrera como cantante, así como algunos vestuarios que utilizó en eventos importantes, fotografías, su colección de huevos Fabergé y hasta su automóvil personal, el Porsche color rojo en el que recorría las calles de Corpus Christi.

En abril o mayo de ese mismo año recibí la llamada de AB. Hacía tiempo que no hablaba con él, a la vez que me sorprendió su llamada, me dio mucho gusto escucharlo; me platicó que estaba formando un nuevo grupo al que llamaría Los Cumbia Kings; me especificó que la palabra *cumbia* se escribiría con "K", lo anoté en mi libreta para apreciar cómo se veía. *Kumbia Kings*. Me gustó... El nombre completo sería AB Quintanilla y los Kumbia Kings. Me explicó que el género musical no sería precisamente la cumbia tal y como se conocía, sino una cumbia más evolucionada, con mezclas más tecno, modernas y rítmicas.

Lo escuché tan entusiasmado con el proyecto que me alegré mucho por él. Después del sufrimiento y todas las cosas por las que habían pasado ésa era la mejor medicina que AB podía recibir para recuperarse. Una persona tan talentosa y creativa como él no podía quedarse de brazos cruzados, y quería hacer las cosas muy bien, en grande.

Ya estaba preparando su primer disco y tenía planeado incluir participaciones especiales de artistas que él admiraba. Tenía confirmados algunos como Nu Flavor y a Sheila E, que en ese tiempo sonaban muy bien en la radio, también incluiría a Vico C, Fito Olivares y a Ricky Muñoz de Intocable; quería invitar a Lupe Esparza de Bronco, y a Gerardo Padilla "Quirri" del grupo Límite.

La participación de ellos dos no pudo concretarse, y aunque "Quirri" alcanzó a grabar, las personas que en ese tiempo tomaban las decisiones en sus respectivas disqueras no dieron su autorización y ambos quedaron fuera del proyecto.

El disco se estrenó al año siguiente con el título de *Amor, familia y respeto*, tres valores que seguramente habían cobrado para AB aún más importancia a raíz de la muerte de su hermana.

Cuando tuve en mis manos el disco entendí que definitivamente AB estaba en el inicio de una nueva etapa, con toda la disposición y las ganas para superar la tragedia que había marcado su vida, por lo que se refugiaba en lo que mejor sabía hacer: su música.

Empecé a leer detenidamente los nombres que aparecían en una larga lista de agradecimientos y para mi sorpresa estaba el mío, al lado de muchas personalidades importantes en el mundo de la música y en la vida de AB.

Ésta era la primera vez que alguien se tomaba la molestia de incluir mi nombre entre los agradecimientos.

Me daba la impresión de que, a partir de la muerte de Selena, AB entró en un proceso de revaloración de su propia vida y de la vida en sí misma. A veces es necesario recibir un fuerte golpe para voltear hacia nuestro interior.

Este disco marcó el exitoso regreso de AB Quintanilla a la música, debutando igualmente entre los primeros lugares de ventas. El primer concierto de AB con su grupo en México también fue por demás exitoso, así como el que ofrecieron posteriormente en el Astrodome de Houston, precisamente donde actuó Selena por última vez.

Por su parte Chris Pérez dio a conocer que mantenía una nueva relación sentimental y se había convertido en padre de una niña.

A cinco años de su muerte, en el año 2000, Selena había vendido más de 10 millones de discos de las seis producciones que se lanzaron al mercado de manera póstuma.

Por su parte los abogados de Yolanda Saldívar solicitaban un nuevo juicio.

Y nuevamente, desde la cárcel, y a cinco años de su sentencia, Yolanda se puso otra vez en el ojo público al declarar en un programa de televisión que precisamente el día en que la asesinó, Selena abandonaría su carrera artística, a su familia y a su esposo Chris, para huir con el doctor Ricardo Martínez a Brasil.

En esa entrevista Yolanda dejó entrever que estaba en desacuerdo con la supuesta decisión de Selena de abandonarlo todo para huir con el doctor. Me acabé de convencer de que esta mujer estaba bien destornillada.

El doctor Martínez se apresuró a hacer su declaración pública en *El Norte*. Además de desmentir a Yolanda, dijo que él era a quién realmente ella quería matar, porque era tan obsesiva con Selena que no podía soportar que alguien se le acercara.

"Ésa [la de Yolanda Saldívar] es una historia muy fantasiosa —afirmó—, no viene al caso, tampoco viene al caso que la haya matado porque quería irse a Brasil, la verdad no es cierto, ni tiene que ver una cosa con la otra.

"Era obvio que a mi no me podía ver, aunque nuestra relación era simplemente de trabajo me di cuenta de muchas cosas extrañas que hacía, pensaba que me buscaba para matarme porque hasta interrogaba a mi chofer y hacía movimientos por debajo del agua, para que nadie se enterara."

Según el periódico, el doctor dijo que se dio cuenta de lo peligrosa que Yolanda podía ser, por lo que llegó a pedirle a Selena que cortara esa relación.

"Era demasiado posesiva, y cada persona que se le acercaba a Selena se convertía en su enemigo, por eso llegó un momento en que a mí no me podía ver.

"Esa mujer siempre ha tratado de una manera u otra de limpiar su imagen a costa de lo que sea, de decir que Selena había tenido relaciones conmigo, que iba a dejar su carrera, que se iba a ir conmigo, pero nuestra relación fue sólo una gran amistad".

El doctor Martínez comentó que Yolanda sólo hablaba de don Abraham y de él porque no tiene más de que hablar. Una vez más, quedé con la impresión de que el doctor pensaba que el mundo de Selena giraba en torno a él. Pero hubo otra declaración que llamó más mi atención.

"Selena era una mujer muy bella, nunca supe cuál era la relación que tenía con su marido, pero siento que le quedaba grande a él —afirmó—, porque ella era muy madura, y él como que andaba en la onda de el rock."

Esta declaración contradice lo que dijo en la entrevista que concedió a *US Magazine* en 1996, en donde hizo la polémica declaración de que Selena podía estar enamorada de él.

El texto de aquélla entrevista fue: "Sí —admite Martínez—, es posible que me amara, que me admirara como hombre... y prueba de ello fue que me dio toda su confianza, me confiaba sus cosas más íntimas".

Y continuaba: "Selena no estaba muy feliz con su esposo, se había vuelto muy poca cosa ante sus ojos, porque no era capaz de actuar, ni de tomar decisiones".

Desde mi punto de vista, estas contradicciones dejan claro que realmente era el doctor quien sentía que Chris era poca cosa para ella, y también es probable que pensara que él sí era el hombre que Selena necesitaba. Llegó a creérselo, por eso todo el numerito de las atenciones, las flores y los regalos.

Pero si el doctor, como dice esta vez, no sabía cómo era la relación de Selena con su esposo, era porque ella no le confiaba sus secretos más íntimos, como él aseguró anteriormente.

Y a diferencia del doctor Martínez me parece que la razón por la que Yolanda habla sobre él y don Abraham no es por que "no tenga de qué hablar", sino más bien para hostigar a la familia Quintanilla y a Chris, recordándoles que les quitó lo que más querían; no dudo de que su propósito sea el de seguir amargándoles la vida con ese tipo de cosas. Lo peor del caso es que fue el propio doctor Martínez quien le dio las armas a Yolanda para continuar con todo esto, desde el momento en que declaró que era posible que Selena lo amara y admirara.

Yolanda solamente utiliza todo lo que él dijo para fortalecer su historia del dichoso "secreto", añadiéndole que huirían juntos a Brasil. Me parece que lo que menos le importa a ella es la memoria de Selena. Si realmente la considerara una hija, como siempre ha dicho, y si su asesinato hubiera sido accidental, ella tendría su conciencia tranquila, estaría en paz consigo misma y con Selena; sin que le interesara todo lo que pudieran pensar y opinar los otros, su recuerdo debería de estar intacto y limpio tanto en su mente como en su corazón, pero sus acciones demuestran algo muy diferente: un gran resentimiento.

En fin. La historia continúa...

XXIV
A diez años de su muerte

Durante los próximos años se siguieron editando discos de Selena con ventas millonarias, se produjo un musical en Broadway sobre su vida y se lanzó al mercado una muñeca con su imagen.

A principios del 2005, se anunció un gran homenaje para conmemorar el décimo aniversario de su muerte, un magno evento organizado por la cadena hispana de televisión Univisión, en el Reliant Stadium de Houston, Texas, con la actuación de reconocidos cantantes hispanos: Alejandra Guzmán, Gloria Estefan, Thalía, Paulina Rubio, la Banda El Recodo, Pepe Aguilar, Olga Tañón, Ana Gabriel y muchos otros.

Me sorprendió el gran poder de convocatoria que seguía teniendo Selena, no sólo por el público que abarrotó el estadio, sino por la hazaña de reunir a grandes artistas hispanos en torno a una sola persona para homenajearla interpretando sus temas. Eso sólo lo consiguen los grandes.

Seguí la transmisión del homenaje por televisión. Fue muy difícil. Trataba de ser fuerte para no llorar. ¡Tanta emoción, tanta nostalgia! Lloré las tres horas que duró el concierto, en especial al final, cuando la propia Selena cerró con broche de oro el evento interpretando su himno: "Como la flor". Cuántas veces estuve con ella a un lado del escenario mientras interpretaba ese tema. ¡Y ahora lo hacía arropada por el enorme coro formado por el público y los artistas que unieron sus voces para seguir la canción junto a ella! Y fue ella misma quien dio la despedida final para "todos nuestros hermanos de México", con un "nos vemos muy pronto, hasta luego, chao".

A pesar de que habían pasado diez años era difícil escucharla decir eso. Se escuchaba tan esperanzador…

Este homenaje no fue más que una clara muestra de que ni el paso del tiempo ha podido arrancar el cariño y la admiración de la gente hacia Selena; la fuerza de esa semillita que ella depositó en cada persona sigue creciendo y se mantiene tan viva como cuando la podíamos ver en todo su esplendor, muchos de esos jóvenes que asistían a las presentaciones de Selena, seguramente siguen transmitiendo ese sentimiento de admiración a sus hijos.

A diez años de su muerte ya se habían lanzado al mercado más de veinticinco discos póstumos que se agregaron a los diecisiete que produjo en vida. Todo esto sumaba más de 20 millones de copias vendidas. No conforme con eso, la compañía disquera ya preparaba el lanzamiento del CD-DVD del concierto homenaje conmemorativo con el nombre de *Selena Vive*.

En suma, seguía siendo un verdadero hit de mercadotecnia; además de playeras, pósters, fotos, discos, dvds, diversas biografías, película y otros artículos, ese año se lanzaron perfumes, muñecas y hasta el servicio postal hizo una estampilla con su imagen.

Selena se había convertido en un verdadero mito, una leyenda, para ello no había otra explicación más que la admiración y el cariño tan grande que la gente le entregaba.

Dios fue más que generoso con ella y le dio varias de las cosas más preciadas que puede poseer un ser humano.

Era admirable ver ese magnetismo. Su carisma, su sonrisa, ese ángel y don de gente que no se amedrentaban ante las dificultades; siempre con la mirada, con el pensamiento y principalmente con el corazón apuntando hacia el bien.

Selena poseía una nobleza extraordinaria y un sentido del amor profundo y verdadero, en ese ser humano no había cabida para sentimientos como el rencor, el resentimiento, y mucho menos el odio. Todo eso era percibido por cualquier persona que se cruzara en su camino, quedaban atrapados en su buena vibra, en sus comentarios, y en ese sentido del humor tan extraordinario que poseía.

A la hora de sus shows ni se diga, todo ese despliegue de talento, voz y sensualidad cautivaban desde el momento en que ponía un pie en el escenario.

Selena hacía de cada canción un espectáculo, era una excelente intérprete que nunca necesitó clases de baile o canto; simplemente todo fluía de modo natural, sólo era necesario que la música iniciara para que recorriera sus venas haciéndola vibrar con cada sonido, con cada ritmo, con cada canción. Era inevitable que la gente no disfrutara lo mismo que ella.

XXV
Ella sigue aquí

A principios de septiembre de 2007 empezó para mí una etapa a la que por principio de cuentas no le puse mucha atención, pero después me pareció un tanto extraña.

Empecé a soñar con Selena, constantemente. Y después de que pasaron dos o tres semanas, su aparición en mis sueños era prácticamente a diario. Incluso en repetidas ocasiones me desperté por la madrugada llorando con mucho sentimiento, con su imagen en mis pensamientos.

Así estuve durante más de dos meses hasta que un día sentí el impulso de sentarme a la computadora y empezar a escribir sobre ella. El escrito trataba básicamente sobre el tiempo que compartimos mientras nos conocimos. Así comenzaron a salir cosas que guardé durante todos estos años. Fue como una terapia, un desahogo, empecé a sentirme mejor y de pronto dejé de despertarme por las madrugadas llorando.

Desde que empecé a escribir ya no pude dejar de hacerlo. Esperaba con ansia los momentos libres para seguir escribiendo y por las noches continuaba hasta las dos o tres de la madrugada. Estuve haciéndolo aproximadamente unos seis meses, incluidos sábados y domingos.

Un día dejé de escribir, la computadora ya no me jalaba a sentarme frente a ella, era extraño que de pronto ya no sintiera esa necesidad de seguir escribiendo, y sin saber porqué simplemente dejé de hacerlo. Había escrito alrededor de sesenta páginas en mi computadora.

Durante los siguientes meses trabajé en varios proyectos de promoción y organización de espectáculos, y a mediados de abril de 2008 recibí la llamada de un amigo de Televisa para comentarme que una persona estaba buscando a alguien en Monterrey para que le manejara un evento. Pregunté si era cantante y me dijo que no, se trataba de organizar una conferencia. La persona hablaba sobre ángeles y algunos otros temas. Pensé ¿por qué no? Me parecía algo interesante y acepté. Me dijo que se trataba de la doctora Georgette Rivera. No tenía idea de quién era, pero le dije que esperaría su llamada.

Cuando la doctora Georgette se comunicó conmigo, me explicó lo que ella necesitaba y dijo que en unos días más estaría en Monterrey para realizar algunas consultas. Su intención era que nos reuniéramos para platicar más al respecto. Yo imaginaba que era una señora grande, mayor de edad, pero resultó lo contrario, era muy joven.

En la breve plática supe un poco más sobre lo que ella manejaba, todo estaba relacionado con temas esotéricos, algo totalmente nuevo para mí, pero pensé que sería bueno conocer un poco más sobre eso y me comprometí a ayudarla. Ella ya tenía apartado el lugar y el evento se llevaria a cabo dentro de cinco meses.

Llegaron proyectos nuevos relacionados con la música y me olvidé de la doctora Georgette. Realmente estaba tan ocupada que ya no pensaba en ella. De repente, se puso en contacto nuevamente conmigo para avisarme que vendría a Monterrey.

Empecé por empaparme un poco más sobre quién era ella; busqué información en internet y chequé su sitio web. Era una persona que practicaba la podomancia. ¿Qué era eso? La lectura del presente, pasado y futuro por medio de la planta de los pies, algo así como cuando te leen la mano pero aquí te leen los pies. Me enteré de que era autora de varios libros relacionados con los muertos, los demonios, los pies, los ángeles y el último era *El milagro de la relajación*.

¡Wow! Me cambió todo el panorama. Ya no se trataba de una persona que hablaba solo de ángeles, sino que hacía contacto con los muertos, leía el pasado, el presente y el futuro, algo así como una médium, psíquica o vidente. Incluso me preocupé. ¿Y si era una charlatana?

No sé por qué, pero yo siempre he estado negada para esas cosas. No porque mi religión me lo prohíba, simplemente no se me da, nunca he acudido a que me lean la mano, ni el café, ni nada por estilo, ni siquiera por curiosidad. Simplemente es algo que en automático mi mente rechaza. La razón todavía no la sé.

Con este panorama diferente continué mi labor de investigación. Pregunté a algunas personas de Televisa si la conocían. Por supuesto que sí, la doctora Georgette era muy conocida por todos, había asistido a varios de sus programas desde dos o tres años atrás. Me comentaron que se había presentado en programas nacionales e internacionales, como "Otro Rollo" en México y "Sábado Gigante" en Miami, además de que muchos artistas y personas del medio iban a consultarla; realmente era una persona muy reconocida porque era muy buena en lo suyo.

Hablé con algunas de mis amigas a las que les gustan esas cosas y les pregunté por ella. Quienes la conocían me hablaban muy bien, incluso dos de ellas ya la habían consultado.

Sentí confianza, todo parecía indicar que no era una farsante, realmente era una psíquica de verdad. La cuestión era que en mi cabeza empezaron a revolotear otras inquietudes que ya no tenían nada que ver con organizar una conferencia.

Mil preguntas iban y venían: ¿Será verdad que existen los psíquicos? ¿Realmente una persona puede hablar con los muertos? Pensaba en películas como *Sexto Sentido* y *Ghost, la Sombra del Amor*, así como en la serie de televisión *Ghost Whisperer*, conocida en México como *Almas Perdidas*.

Estaba frente a una situación totalmente inesperada. Para empezar a promover a una persona primero tenía que creer yo misma en ella, y a pesar de los comentarios que me habían hecho, yo todavía no me sentía capaz de hablar con seguridad sobre las bondades de una persona a la que apenas acababa de conocer.

Decidí continuar, con ciertas reservas pero muy dispuesta a aprender más sobre los temas que ella dominaba, creyendo que algo bueno me dejaría.

Empezamos a vernos cada vez que ella visitaba Monterrey para atender a la gente que necesitaba consultarla. Una ocasión en que regresábamos a su casa después de asistir a una entrevista de televisión, me hizo un comentario que me desconcertó mucho.

—Es una experiencia muy bonita hablar con los muertos.

Me quedé pensando, no supe qué contestarle.

—Sí, es una experiencia muy bonita hablar con los muertos —me repitió. Yo seguía sin decirle nada, no sabía qué responder, quería entender si me estaba tratando de decir algo, así que le pregunté por qué decía eso.

—Porque los ayudas a resolver las cosas que dejaron pendientes —fue su respuesta.

De plano me quedé sin habla, trataba de asimilar lo que me estaba diciendo. Ése nunca había sido un tema de conversación para mí, la verdad me sentía un poco desconcertada. A mí se me aparece un muerto y salgo corriendo, pero ella lo decía con tanta naturalidad como si habláramos del clima.

No me sentía preparada para hablar de esos temas, sentía que si le seguía la conversación con la misma naturalidad con que ella lo hablaba iba a pensar que yo sí estaba loca. Mejor seguí callada, esperando el siguiente comentario.

Seguramente vio mi cara de desconcierto porque ya no seguimos hablando de eso, hubo un inmediato cambio de conversación, a un tema más de este mundo.

La conferencia para la que Georgette requería de mi ayuda trataría el tema de "El poder de tu Yo interno", así que armé un plan de promoción en los diferentes medios de comunicación de la ciudad.

Nunca voy a olvidar el martes 26 de agosto de 2008. Habíamos visitado la redacción de algunos periódicos y por la tarde nos citamos con algunos reporteros foráneos en el Hotel Holliday Inn Cintermex. Terminamos de atenderlos como a las 6:30 de la tarde, y ya de regreso para dejar a Georgette en su casa ella me preguntó:

—¿Te has encariñado con alguno de los artistas con los que has trabajado?

—Sí, con los de Bronco y, bueno, con Selena —era la primera vez que yo se la mencionaba.

—¿La conociste? —quiso saber—.

—Sí.

—Ella iba a llegar muy lejos, iba a ser una persona muy importante, muy famosa, Jennifer López es famosa gracias a ella.

—Así es —le respondí.

—Pues yo creo que todavía anda por aquí.

—¿Quién? ¿Selena? —volteé a verla con cara de *what?*

—Sí.

—¿Quieres decir que está viva?

—Sí.

—No, para nada —le dije de una manera muy calmada, como tratando de hacerle entender que eso no era posible—. Que más quisiera yo, pero no, ella murió, yo la vi.

—Pues yo creo que no —me insistió. Yo la miraba sorprendida, no daba crédito a lo que escuchaba.

—Claro que sí, ella murió, yo la vi aquí —le recalqué señalándole con mis manos la cercanía con la que la tuve frente a mí.

—Dice que te ama, que te ama mucho…

Esas palabras me partieron el corazón, me desmoroné, sentí ganas de llorar. Georgette había tocado una parte muy sensible y yo no le iba a permitir que jugara con eso. Le dije de una forma que entendiera que eso era muy serio para mí:

—Selena y yo fuimos muy amigas, fuera de cosas de trabajo éramos amigas, nos queríamos mucho.

—Sí. Quiere que la perdones por el daño que te hizo.

Volví a verla sorprendida y a punto de hablarle un poco enojada de manera enfática. Queriéndole decir "no hables de lo que no sabes", le dije:

—Ella nunca me hizo daño.

—No es que te haya hecho daño, es por lo que sufriste.

—Ah, bueno, sí, sufrí mucho cuando ella murió —mientras decía eso una y mil cosas se agolpaban en mi cabeza, me sentía muy desconcertada con esa conversación. ¿Cómo podía saber ella lo que yo había sufrido con la muerte de Selena? Y, dentro de todo ese desconcierto, llegó a mi mente un pensamiento que nunca antes se me hubiese ocurrido y que en ese momento me resistía a creer.

—¿Ella está aquí? —pregunté.

—Sí, desde hace rato, desde que estábamos en El Porvenir. Yo la veía pero no sabía con quién estaba, me preguntaba "¿quién es la muchacha morena de pelo largo?". Trae un vestido rojo, pero no sabía con quién iba, pensé que con el reportero, pero no, venía contigo.

Yo la miraba y la escuchaba sin poder pronunciar palabra de la impresión tan grande, estaba en shock. Era algo que no cabía en mi cabeza. Y continuó:

—Después la vi en el hotel, pero como había varios reporteros seguía sin saber con quién venía realmente, hasta que me dejaste sola en el restaurante con la reportera. Cuando regresaste venía junto a ti, hasta ese momento supe que era contigo, pero no tenía idea de quién era.

Yo seguía en shock, sin poder hablar. Gracias a Dios en ese rato había mucho tráfico y avanzábamos muy despacio, de lo contrario no sé qué hubiera pasado con lo impactada que yo estaba. Mi cabeza estaba a mil por segundo, tratando de asimilar lo que me decía.

—Dice que no regales las cosas que ella te regaló —continuó.

Quedé totalmente perpleja con ese comentario y supe que de verdad Selena estaba ahí. Mis pensamientos seguían agolpándose en mi cabeza tratando de entender eso que me parecía totalmente increíble. Después de unos instantes volteé a verla y le dije:

—Yo regalé una cosa que ella me dio —Georgette volteó a verme sorprendida.

—¿Qué regalaste? —me preguntó.

—Un reloj.

—Pues lo tienes que recuperar, quiere que lo recuperes.

—No puedo, ya le pedí a la persona que se lo regalé que me lo devuelva pero no quiere.

—Pues lo tienes que recuperar, no debiste haberlo regalado —insistió.

—Sí, yo lo sé, ahora lo sé, pero qué hago, no me lo quiere devolver.

—¿Por qué se lo regalaste?

—Por idiota —fue lo único que atiné a decirle.

Regalé ese reloj a una persona con quien yo creí que tenía una amistad verdadera; en ese momento hasta le pedí a Selena que la cuidara y protegiera de las envidias y del daño que según esta persona le querían hacer, sobretodo sus compañeros de trabajo.

Me platicaba unas historias en las que por alguna u otra razón las demás personas siempre querían hacerle daño, y me lo platicaba de tal manera que hasta me parecía una persona indefensa.

Yo me preguntaba por qué había gente tan mala y envidiosa que sólo quería hacerle daño. Después, con el paso del tiempo, empecé a darme cuenta de que las cosas que me decía no eran tal y como las platicaba. Era una persona muy mentirosa, las mentiras le fluían de una manera muy natural, era muy convincente.

Además, me decepcioné muchísimo al darme cuenta que no se tocaba el corazón, no le importaba lo que tuviera que hacer o sobre quién tuviera que pasar con tal de conseguir lo que deseaba.

—Cuando le pedí el reloj le dije que me había equivocado y no merecía tenerlo, pero me contestó que no me lo devolvería.

—Te lo tiene que devolver —insistió Georgette.

—No creo que lo haga. Ese reloj Selena me lo regaló un día que vino de entrada por salida a Monterrey —le expliqué—, no traía equipaje, viajó sólo con la bolsita para regalo; me explicó que era la primera muestra de su línea de relojes y dijo que quería que yo lo tuviera. Lo usé hasta que dejó de funcionar y después lo guardé, hasta que cometí la estupidez de regalarlo.

Georgette me miraba sorprendida como diciendo "¿cómo pudiste hacerlo?". Yo sólo afirmaba con mi cabeza: "Lo sé, lo sé, fui una idiota".

—Pues quiere que lo recuperes —volvió a decirme.

Yo trataba de encontrar en mi cabeza alguna forma de recuperarlo, pero sabía que era imposible. No podía llamar y decir: "Fíjate que Selena está aquí, quiere que me devuelvas el reloj".

—Hay un lugar al que quiere que vayas, hay muchas flores, me dice algo de ángeles, no sé si es en Los Ángeles... Dice que todas las personas que ella quería estuvieron ahí, menos tú, te buscaba entre la gente y no te encontró.

Me puse a llorar. Le aclaré que no se trataba de la ciudad de Los Ángeles, sino de Corpus Christi. Se trataba de su sepelio, al cual no me quedé.

—Quiere que vayas, lleves flores y enciendas una vela.

Yo lloraba sin saber qué pensar, estaba muy confundida. Selena quería que fuera a su tumba. Nunca había estado ahí. Desde que ella murió sólo regresé una vez a Corpus Christi para ver a su familia, pero sin visitar su tumba. Siempre en mi interior había sentido la necesidad de viajar exclusivamente para llevarle flores. Sentía que se lo debía, que era algo que había quedado inconcluso.

—Me muestra una imagen de ella, está acostada, hay mucho morado..., mucho, pero mucho morado —dijo Georgette.

—Seguramente es su funeral, la vistieron con un traje morado, precisamente el traje con el que la vi por última vez con vida.

—Sí, dice que eso es, dice que le hubiera gustado que su ataúd hubiera sido de cristal, transparente, para que toda le gente pudiera verla. —Y de pronto, cambiando de tema, me preguntó—: ¿Donde estuviste el 4 de abril?

—¿Este 4 de abril? No sé, déjame pensar…

—No, el 4 de abril después de que ella murió.

—Ah —por un momento me quedé pensativa, tratando de recordarlo—. Estuve en Veracruz, ¿por qué?

—Me muestra una imagen donde estas tú con puros hombres, hay mesas, es como una cena, una fiesta, dice que dos de esos hombres que están contigo eran sus amigos y sintieron mucho su muerte.

Yo no salía de mi asombro.

—¿Ella estuvo ahí? —pregunté sorprendida.

—Sí. ¿Qué era, qué estaban haciendo?

—Era la presentación del nuevo disco de Bronco en Veracruz, y esos dos hombres a los que se refiere son Lupe y Ramiro. Efectivamente ella los consideraba sus amigos y ellos sintieron mucho su muerte.

—Quiere que hables con su hermano.

—¿Con AB?

—Sí, quiere que lo ayudes, está muy preocupada por él.

—Pues no tengo manera de localizarlo, ni siquiera sé en qué ciudad está viviendo, sus números de teléfono ya no son los mismos, la última vez que lo vi fue hace como tres años, pero ya no he vuelto a saber de él.

—Quiere que lo ayudes, que hables con él.

—Tengo que pensar cómo localizarlo, pero ¿qué le tengo que decir cuando lo encuentre?

—Dice que tú sabrás lo que tienes que decirle, pero tienes que ayudarlo.

—Sí, creo que sí sé lo que tengo que decirle, AB ha tenido muchos problemas.

—Me dice algo de un fraude.

—¿Un fraude? ¿Le van a hacer un fraude?

—No sé, sólo me dice que tiene que cuidarse. Veo unos libros, son como diseños de ropa, son muchos libros.

—Sí, le encantaba diseñar ropa, de hecho cuando murió ella estaba por lanzar su línea de ropa.

—Pero son muchos diseños, me muestra muchos.

—Me lo puedo imaginar, ella estaba trabajando en eso, le encantaba.

En ese momento llegamos a casa de Georgette y me hizo dos o tres comentarios más. Durante el camino a la mía sólo pensaba en lo que había sucedido; esa noche no pude dormir, estuve dando vueltas en la cama sin asimilar esto, me imaginaba a Selena caminando junto a mí y después en el asiento trasero del auto, tal y como Georgette me la había descrito, con su vestido rojo y el pelo suelto.

XXVI
Los preparativos para la visita

Al día siguiente me sentía muy confundida, pensaba si realmente era verdad que Selena estaba aquí, las preguntas se agolpaban en mi cabeza tratando de encontrar alguna lógica, por momentos dudaba... Después pensaba en cómo podría saber esas cosas Georgette, probablemente leyó en algún medio de comunicación que Selena diseñaba ropa o sabía de los problemas de AB, pero cómo podía saber lo que sucedió en Veracruz y la fecha exacta, cómo podía saber que yo regalé algo que Selena me dio, ella ni siquiera sabía que yo conocía a Selena.

Los días siguientes llegaron más mensajes de Selena a través de Georgette y yo seguía sin poder dormir. Una vez, Georgette me dio un mensaje que me quitó todo rastro de duda. Dijo que Selena me quería dar una casa, que la razón por la que no me la dio fue porque murió, y le encomendó a Georgette la tarea de dármela.

Yo no daba crédito a lo que escuchaba, efectivamente, Selena me quería dar una casa en Corpus Christi, sus planes eran los de construir su casa nueva y en el mismo terreno construir otra para mí.

Mi sorpresa iba en aumento, más aún cuando Georgette me hizo saber su disposición para cumplir el deseo de Selena; mencionó que ella me daría esa casa ladrillo por ladrillo.

Estaba atónita, primero me parecía increíble que aún después de muerta Selena tuviera esa preocupación, no podía entender cómo una persona que ya murió puede tener algún pendiente, me parecía totalmente inverosímil.

No pude evitar sentirme preocupada de pensar que Selena no estaba bien, si ella estaba aún entre nosotros, eso significaba que no estaba descansando en paz. Se lo pregunté a Georgette.

Contestó que Selena estaba muy bien, batalló para llegar al lugar donde debía estar, pero lo logró y estaba muy bien.

No me explicaba por qué tenía esa preocupación de la casa, se había quedado con ese pendiente y quería resolverlo; le pedí a Georgette que le dijera que a mi lo único que me importaba era que ella estuviera bien, que se olvidara de esa casa, a mí no me importaba, entendía perfectamente bien que si no lo hizo fue porque murió, pero ya no tenía que preocuparse por eso. Georgette me respondió que eso era algo que Selena quería hacer, y lo quería hacer por gusto.

Al sábado siguiente asistimos a Televisa a un programa llamado "A la Vanguardia", donde entrevistaron a Georgette y le leyó el pie a la conductora. Al terminar me comentó que Selena estuvo ahí, justo detrás de mí y me preguntó si la había sentido. Respondí que hubo un momento durante la entrevista en que el estudio estaba en completo silencio y nadie hablaba ni se movía de sus lugares, todos estaban concentrados, de pronto sentí que mi cuerpo se estremecía, dejé de ponerle atención a Georgette y observé el ambiente en el estudio. Hubo algo que me pareció extraño, un camarógrafo y otra persona de la producción no estaban viendo la entrevista, sino volteando hacia mí. Me veían fijamente, con la mirada perdida porque no me veían directamente a los ojos, no me quitaban la vista de encima, como si yo tuviera algo raro. Esto fue lo único extraño que sentí, pero nunca imaginé que se tratara de Selena, pensé que tal vez la estaban viendo a ella o percibían algo raro a mi alrededor.

Cuando subimos al auto para esperar a que otra persona llegara por Georgette para llevarla al aeropuerto, me volvió a decir que Selena quería que hablara con AB y lo ayudara. Me sentía un poco presionada porque no encontraba la forma de poder llegar a él directamente, necesitaba más tiempo, pero Selena quería que hablara con él a más tardar el día siguiente.

Pensaba: ¿Qué le voy a decir a AB cuando lo encuentre?, ¿que Selena me está pidiendo que lo ayude? Seguramente me tacharía de loca; Georgette me sugería que hablara con la mamá de Selena y le explicara lo que estaba sucediendo. Definitivamente ésa no era una posibilidad para mí, yo no podía decir eso, ni a ellos ni a cualquier persona, lo primero que pensarían es que me fumé algo o que de plano ya me estaba volviendo loca, no era un tema fácil. ¿Cómo podía hablar sobre eso si yo misma no terminaba de asimilarlo?

Ante la presión de Georgette me ofusqué y, ya desesperada, empecé a hablarle fuerte, aclarándole que para ella era muy fácil hablar de eso pero para mí no, tenía cuatro noches sin dormir, me sentía mal físicamente y muy confundida, yo estaba totalmente en shock y ella me estaba presionando para hacer algo que decía Selena.

No podía simplemente llamar a la señora Marcela y decirle "fíjese que Selena regresó del más allá, quiere que hable con AB y lo ayude, ¿no le puede decir a AB que lo estoy buscando para darle un mensaje de Selena?"

¿Llamarle a don Abraham? ¡Imposible!

Georgette se quedó callada mientras yo hablaba y hablaba sobre la imposibilidad de comentarle algo a la familia de Selena. En el momento en que hice una pausa me preguntó que si estaba enojada con ella. Realmente no estaba molesta con ella, me sentía muy presionada con la situación, más aún si me daba de plazo un día para hablar con AB, porque hasta había un tiempo límite para hacerlo. ¿Por qué? No lo sé… Y troné. Yo no estaba preparada para esas cosas, necesitaba más tiempo para pensar, para asimilar.

Entonces la situación cambió. Me dijo que tenía un plazo de quince días para hablar con AB, sentí un poco de alivio al saber que contaba con más tiempo para localizarlo, aunque no entendía la razón para poner un límite de tiempo. Georgette insistió en que Selena lo quería así.

Cuando se fue de Monterrey y tuve más tiempo para localizar a AB, pude pensar con más calma las cosas. Llegué a la conclusión de que definitivamente no podía hablar por teléfono sobre esto con AB, tendría que ser en persona. Lo mejor sería esperar a que AB estuviera de visita en Monterrey para alguna presentación, ése sería el momento adecuado, la mejor forma, aunque estaría fuera del plazo marcado.

Hablé con Georgette para comentárselo y pedirle que se lo hiciera saber a Selena en cuanto tuviera contacto con ella.

Las cosas se harían en el momento en que yo estuviera lista para ello porque en mi interior sentía que sólo iba a tener una oportunidad para explicarle a AB lo que sucedía, tenía que pensar muy bien las cosas. La primera reacción que esperaba de AB es que se enojara muchísimo para decirme que estaba rematadamente loca.

A mediados de octubre Georgette regresó a Monterrey para presentar su libro *El milagro de la relajación* en la Feria Internacional del Libro. La mayor parte del tiempo la acompañé en las entrevistas que le programó su editorial, pero en esta ocasión no hubo mensajes de Selena.

Una semana después, Georgette regresó para ofrecer una conferencia sobre la espiritualidad, la reencarnación, el karma y otros temas relacionados; la conferencia estaba programada para el sábado 1 de noviembre.

Los días previos asistimos a varios programas en Televisa y dos días antes de la conferencia Georgette me comentó que Selena quería que comprara una vela blanca y en una bolsita de plástico colocara seis condimentos de los que tuviera en mi cocina, antes tenía que vaciar un poco de cada uno en la palma de mi mano, para que adquirieran mi energía.

Le llevé los condimentos y la vela, sentía la curiosidad de saber para qué era. Gerogette no lo sabía exactamente, pero en la noche Selena le diría lo que haría con eso.

A la mañana siguiente nos esperaba un día muy agitado, más aún para mí; llegué por Georgette a las once, ya que teníamos el compromiso de asistir nuevamente al programa "A la Vanguardia", en el que además de realizar la entrevista Georgette promovería la conferencia que ofrecería unas horas más tarde. Cuado salió de su casa, llevaba la vela que le entregué el día anterior, la traía adentro de una bolsa de plástico café, me la entregó con mucho cuidado para que no se derramara un aceite que mezcló con los condimentos y que puso en la parte superior de la vela.

Me dijo que la había preparado durante la noche, de acuerdo con las indicaciones que Selena le dio; la coloqué en el portavasos de mi carro y nos dirigimos a las instalaciones de Televisa. Me pidió que bajara la vela conmigo.

—¿Para qué? —pregunté sorprendida.

—Tienes que tenerla contigo el mayor tiempo posible, la vela tiene que tener tu energía, tienes que tenerla en tus manos, tienes que tocarla.

—Pero cómo voy a entrar con ella a Televisa, me van a preguntar para qué la traigo, ni modo que les explique.

—¿Ella estuvo aquí alguna ocasión?

—Sí, varias veces, cuando vino a grabar el programa "Órale Primo".

—Bueno, pues tienes que estar en el lugar donde estuvo ella y hablarle sobre lo que hizo ahí.

Le expliqué que el programa se realizaba precisamente en el estudio donde ahora se transmite "A la Vanguardia".

—Pues entras, te paseas un poco por el estudio y le dices lo que ella hizo cuando estuvo ahí —me indicó Georgette.

—Pero no puedo pasearme por el estudio, en este momento los técnicos ya están trabajando en la escenografía y la iluminación del programa, mejor entro al estudio de "Ellas con las Estrellas", ahorita está solo y no voy a molestar a nadie.

—No, tiene que ser donde ella estuvo —insistió.

No dije nada más, pero yo no me sentía muy segura de querer hacer eso.

Entramos a Televisa y nos dirigimos al estudio, faltaban unos cuarenta minutos para el inicio del programa. Georgette me pidió que entrara, intenté rehusarme pero ella insistió y no me quedó más remedio que entrar, los técnicos voltearon a verme como diciéndome "todavía falta". Yo tenía que pasearme por el estudio, caminé un poco ante la evidente curiosidad de ellos que seguramente se preguntaban qué hacía. Di una vuelta al estudio y me dirigí hacia Georgette, que me impidió salir, me devolvió y me dijo que tenía que estar al menos cinco minutos más, demasiado tiempo para estar bajo las miradas curiosas de los técnicos.

Sin otra opción, regresé y desde ese momento empecé a decirle con el pensamiento a Selena lo que ella había hecho cuando estuvo ahí, explicándole su participación en un programa de televisión donde cantó y convivió con sus fans, cómo estaba vestida y por quiénes estuvo acompañada.

Después de caminar un poco de lado a lado y tratando de no molestar a los técnicos que de vez en cuando volteaban a observarme, decidí sentarme en una silla, me olvidé de ellos y me concentré en decirle más cosas a Selena, creo que estuve alrededor de unos diez minutos.

Cuando salí, Georgette ya estaba en maquillaje. Después de la entrevista me preguntó si sentí algo durante el tiempo que estuve en el estudio con la vela. Le conté que hubo un momento en el que sentí que mis manos latían muy fuerte.

—Como si tuvieras un corazón en las manos? —preguntó.

—Sí, exactamente.

—Muy bien, así se siente —me dijo con una sonrisa, a mí no me quedó claro de qué se trataba.

De regreso a casa, Georgette me comentó que Selena quería que tuviera un foto de ella en mi cartera, y que Georgette tuviera otra. Debíamos colocarlas antes de la conferencia, que iniciaba a las tres de la tarde, es decir, hora y media después.

No me lo esperaba, así que me apresuré a dejar a Georgette y buscar las fotos. En mi casa tenía varias que yo misma le había tomado, no sabía cuál escoger, miraba el reloj y me daba cuenta de que ya no llegaríamos a tiempo. Rápidamente escogí dos de ellas y tomé unas tijeras porque era necesario recortarlas para que entraran en la cartera. Pensé en hacerlo durante el trayecto al teatro.

Pasé nuevamente por Georgette y le pedí que recortara las fotos mientras yo manejaba muy presionada porque no llegaríamos a tiempo. Yo escogí una foto que le tomé en el camerino del Astrodome de Houston y Georgette se quedó con una del primer día que Selena pisó Monterrey.

Le hizo el primer corte a mi foto y yo me espanté de cómo había quedado. Le cortó un brazo, parecía una Venus de Milo, le dije que no me gustó. De pronto me da la foto y las tijeras y dice "que la cortes tú". En la primer parada de un semáforo empecé a hacer el encuadre con mis dedos hasta determinar como debía quedar, corrigiendo el recorte que Georgette había hecho.

—Que un poco más abajo, que se vea lo que trae puesto —me dijo.

—¿Qué se le vea bien el *bustier*?

—Sí, que se le vea bien lo que trae —me repitió.

Llegamos diez minutos tarde, afortunadamente la gente todavía se estaba instalando en sus lugares. El evento duró aproximadamente tres horas y media, después Georgette se quedó un buen rato autografiando sus libros.

Cuando llegamos a su casa, ya en la noche, platicamos un rato sobre lo que sucedió durante la conferencia. Me dijo que Selena había estado todo el tiempo conmigo, a donde yo me movía ella se movía, me preguntó si la había sentido. Respondí que sí, que sentía a mi alrededor como si estuviera dentro de una burbuja cálida, incluso sentía el ambiente un poco caliente aunque el clima estaba realmente fresco.

Georgette me indicó que era necesario prender la vela que me preparó exactamente a las doce de la noche y colocar una foto de Selena del lado derecho de mi cama. La vela tenía que permanecer encendida hasta apagarse por sí misma y en mi lado izquierdo debía colocar un vaso con agua.

Me dijo que antes de encenderla platicara con Selena, que le dijera lo que quisiera siempre y cuando fuera antes; me pidió que lo hiciera con cuidado porque probablemente en ese momento la flama se haría muy grande, si esto sucedía quería decir que la energía de Selena estaba entrando. También pidió que al día siguiente, domingo 2 de noviembre, día de muertos, le montara un altar.

—Pon una foto de ella, préndele una vela y ponle un platito con algo de comida, de lo que a ella le gustaba, ¿qué le gustaba comer?

—Pizzas —contesté inmediatamente.

—Bueno, pues entonces hoy vas a tener que cenar pizza, compra una pizza y le pones un pedazo a ella. ¿Que más le gustaba?

—Pues el té, los chicles, el tequila. Ya sé, le voy a poner una banderita para que se acuerde.

—Eso es, ponle las cosas que le gustaban, le va a dar mucho gusto.

—Quiere que a las 11:24 de la mañana le enciendas una vela y reces una oración por ella.

—¿A las 11:24? ¿Por qué a esa hora?

—No sé, ella quiere que la enciendas a esa hora.

En ese momento entendí que era la hora de su muerte, según las versiones de los testigos calculaban que Selena había caído en la recepción del motel después de que Yolanda le disparó, como a las once y media. Selena me estaba dando la hora exacta de su muerte.

Georgette continuó sus indicaciones.

—Mañana ella va a estar contigo todo el tiempo, platica con ella, háblale como si la estuvieras viendo, si vas al súper o a algún otro lugar invítala, pídele que te acompañe.

Yo la escuchaba con mucha atención, simplemente me parecía maravilloso todo lo que me decía, era increíble todo esto, tenía todo un día para compartir con Selena, no sabía cómo me sentiría al día siguiente sabiendo que ella estaría conmigo.

Me despedí de Georgette e inmediatamente me dirigí al súper para comprar el tequila, la sangrita y los limones, una bolsa de nachos que tanto le gustaban y un cheesecake. En la caja tomé un paquete de chicles, no podían faltar. Selena se sentía más segura cuando mascaba uno.

De ahí me dirigí a una pizzería por una mediana de peperonni, con eso era suficiente para las dos. Después de cenar, guardé el resto en el refrigerador.

Estuve pendiente del reloj para no pasarme de hora indicada. Mientras esperaba empezó a darme cierto temor, no sabía qué podía suceder, Georgette me dijo que probablemente Selena se manifestaría, la verdad es que yo no quería eso, aunque se tratara de ella, yo nada más quería encender la vela y ya.

Los minutos previos empecé a hablar con ella, la verdad es que estaba tan ansiosa que no sabía ni lo que le estaba diciendo. Al llegar el momento, tomé la antorcha y la mano me temblaba, cerré los ojos y le pedí a Dios que no sucediera nada. Me moría de miedo.

Alejé de mi cuerpo la vela lo más que pude y, aun con los ojos entrecerrados, extendí mi brazo para encenderla, esperaba ver el flamazo. No pasó nada, fue de lo más normal. Respiré profundo y me dejé caer de espaldas en la cama. Sólo atinaba a repetir "gracias Dios, gracias Dios". Qué susto.

Después de recuperarme, preparé mi altar para Selena, era el primero que montaba en mi vida. Escogí un portarretratos para las mejores fotos, tomé una mesa de la sala y la coloqué en un rinconcito, para que fuera más privado, después calenté dos rebanadas de pizza en el microondas y se las puse en un plato, le preparé su banderita con el tequila, limón y sal, puse el cheesecake, los chicles, los nachos, pero me di cuenta que algo me faltaba. No había comprado flores, pero ya era muy tarde, las cuatro de la mañana.

Esa noche dormí con la imagen de Selena a mi lado y la vela encendida todo el tiempo. Realmente dormí poco, no dejaba de pensar y soñar con lo que había sucedido. Cada que abría los ojos me sentía extraña pero a la vez reconfortada, al ver la foto sentía como si Selena estuviera velando mi sueño.

A la mañana siguiente abrí los ojos y lo primero que vi fue su imagen, "buenos días" le dije, eran como las 9:30 hrs.

Le hablé con mucha seguridad, como si la estuviera viendo. Le expliqué que tomaría un baño y pedí que me esperara en mi recámara. Se me ocurrió eso porque recordé que Georgette comentó que cuando Selena estaba conmigo se colocaba justo detrás de mí y se movía a donde quiera que fuera, y la regadera no era un lugar donde ella debía estar.

Después desayuné algo rápido, quería salir a comprar unas rosas blancas y velas con olor a rosas, no disponía de mucho tiempo, debía estar de regreso para encender otra vela y rezar una oración exactamente a las 11:24 hrs.

Le expliqué a Selena que iría al súper y le pedí que me acompañara, tal y como me dijo Georgette. Tomé unas velas chicas en color rosa, las únicas que había; después escogí un florero pequeño en color rojo con rosas blancas. Al momento de pagar resultó que el florero no tenía código de barras y no me lo podían cobrar. Yo veía pasar los minutos desesperada, no tendría tiempo para ir a otra tienda. Pagué las velas y yo misma fui a buscar otro florero, los minutos se me terminaban.

Como era domingo no había tráfico ni agentes que me detuvieran por exceso de velocidad. Llegué con reloj en mano dos minutos antes. Con la presión batallé un poco para meter la llave en la cerradura, entré y coloqué el florero en el altar, abrí el paquete de la vela blanca y exactamente a las 11:24 la estaba encendiendo y comencé la oración.

Una vez que cumplí con la tarea, me relajé un poco y reacomodé mejor las cosas del altar, le tomé una fotografía, realmente me gustó como había quedado, para ser mi primer altar estaba muy bien, sencillo pero con las cosas que a Selena le gustaban.

XXVII
Unos días acompañada…

"¿Y ahora qué hago?" Si Selena iba a estar conmigo todo el tiempo tendría que planear mi día con ella, se me ocurrió que tal vez le gustaría verse cuando cantaba y bailaba, así que puse el video del último concierto que ofreció en el Astrodome de Houston. Yo no lo había visto completo, así que aproveché para verlo también.

Acomodé dos sillones frente a la televisión. Le pedí que se sentara en uno de ellos, a mi lado, me sentía extraña haciendo eso y hablándole a alguien que yo no veía. Era un poco desesperante no saber si estaba haciendo bien las cosas, estuve tentada a decirle que de alguna forma me hiciera saber si estaba en lo correcto y pensé en lo clásico de las películas, cuando alguna médium se está comunicando con un espíritu y le dice "da un golpe si la respuesta es *sí* y dos si es *no*". De inmediato deseché la idea, ¿qué tal si se empezaba a escuchar golpes? Hubiera salido corriendo, mejor lo dejé así.

Empezó a correr el video y en momentos le hacía comentarios sobre alguna canción. Lo vimos completo y después vimos el material extra donde se presenta el detrás de cámaras de su película. Yo tampoco lo había visto, pensé que le gustaría ver todo eso, sobre todo la parte donde se muestra el diseño de vestuario. Le dije: "esta parte te va a encantar".

Como yo tenía hambre le dije que comeríamos juntas; me serví exactamente lo que ella tenía en su altar. Calenté la pizza, también comí nachos y de postre un pedazo de cheesecake. Terminé con una taza de café y a ella le preparé un té caliente, le dije que más tarde nos tomaríamos una banderita.

Encontré otro video que me había regalado una amiga. Era un programa especial que le hizo Televisa en alguno de sus aniversarios luctuosos, contenía musicales de su primera actuación en la Feria de Monterrey. Le expliqué que ese había sido un concierto muy importante y emotivo para ella, ya que incluso lloró al ver reunida a tantísima gente que estaba ahí exclusivamente para verla.

Después tomé la botella de tequila y me preparé una banderita, le dije que era para recordar viejos tiempos. Brindé con ella por varias cosas, entre ellas por hacerme saber que estaba aquí.

Me fui a mi recámara y me acosté frente a la foto, tenía tantas cosas que decirle, pero casi inmediatamente mi voz se quebró. Empecé a llorar sin parar, intentaba calmarme pero no podía, así estuve por unos minutos hasta que logré tranquilizarme un poco.

Hablé de una manera pausada, conteniendo las lágrimas. Primero le expliqué que para mí no era fácil saber que estaba aquí y le pedí paciencia, yo necesitaba tiempo para asimilar todo esto; le dije que comprendía su preocupación por AB, ya que veía lo que estaba sucediendo con él; prometí que en algún momento estaría lista para darle mi apoyo en los problemas por los que atravesaba, también le pedí que se olvidara de esa casa que quería darme, le dije que lo único que yo deseaba es que estuviera bien.

Entre otras cosas le expliqué lo que para mí había significado su muerte y lo difícil que había sido, pero que saber que estaba presente me hacía muy feliz. Después de un rato me sentía muy tranquila, desahogué todo eso que había guardado por más de trece años.

Regresé a la sala donde estaba el altar, decidí que era el momento de tomarnos otro tequila. Me preparé otra banderita, la de ella seguía siendo la misma, y a cada trago choqué mis vasos con los del altar.

Eran como las nueve y media de la noche y me sentía agotada mentalmente, nunca imaginé el esfuerzo que implicaría todo esto, estar atenta a lo que dices y haces en función de una persona que no puedes ver ni escuchar era desgastante.

Pensé: "tal vez Selena ya se fue y yo todavía estoy con esto." Me preguntaba hasta qué hora estaría ella conmigo. Georgette no me había marcado una hora, entonces me senté frente al altar y mirando su foto le dije: "Sel, dime si nos echamos el último tequila, necesito saber si todavía estás aquí conmigo". En ese momento se me ocurrió pedirle que hiciera latir mis manos como lo había hecho en Televisa para saber que si estaba. Esperé un instante y no pasó nada.

Le insistí en que me hiciera saber a través de mis manos si seguía conmigo pero llamándola por su nombre. "Selena, Selena Quintanilla, si todavía estás conmigo házmelo saber." De pronto el ambiente se tornó un poco cálido y mis manos y mi pecho empezaron a latir con más fuerza. Ésa era la respuesta, seguía conmigo.

Me preparé la última banderita y volví a brindar con ella. Le dije que me sentía cansada y que en unos minutos me retiraría a descansar. En la cama me vi nuevamente frente a su foto y la vela encendida, volvería a dormir a la luz de esa vela y le pedí a Selena que siempre estuviera conmigo.

A la mañana siguiente me llamó Georgette para preguntarme cómo me había ido. Al menos yo me sentía muy bien con todo.

—¿Qué hiciste? —Selena está muy contenta, feliz.

—¿De verdad? Pues hice lo que me pediste, platiqué con ella, la invité al súper, le monté su altar, comimos pizzas, bueno, hasta me tomé unos tequilas con ella.

—Pues te puedo decir que está muy contenta, y quiere que te diga que en este momento está ahí contigo.

—¿De verdad?

—¿Y con la vela cómo te fue? —quiso saber.

—Pues no pasó nada, gracias a Dios, ahorita está encendida.

—No la apagues, deja que se consuma sola, Selena estará contigo todo ese tiempo.

Ese día hice mis actividades normales, sabiendo que estaría conmigo; le hablaba todo el tiempo, le explicaba a dónde iba y lo que haría. A la hora de dormir ya me sentía familiarizada con la foto y la vela que seguía encendida, consumiéndose muy despacio, me sentía muy reconfortada.

Al día siguiente, martes 4 de noviembre, fue mi cumpleaños. Con tantas cosas olvidé por completo organizar algo para festejar. Empecé a recibir llamadas de felicitación y hasta ese momento quedé de acuerdo con los diferentes grupos de amigas, por la noche me fui a cenar con unas de ellas y regresé a las once y media de la noche, directo a la cama.

Esa noche sucedió algo muy extraño. Ya entrada la madrugada, yo dormía tapada con un cobertor porque estábamos en otoño y las noches eran frescas. De repente sentí mucho calor y me desperté aunque no abrí los ojos. Estaba de lado, con mi cara hacia la foto. Permanecí unos instantes tratando de conciliar el sueño pero sin conseguirlo.

Me volteé hacia el otro lado y el calor continuaba. Quise abrir los ojos pero no pude, sólo lograba abrir una pequeñísima rendija entre mis párpados, lo suficiente para ver claramente una luz entre blanca y plateada que destellaba de manera muy intensa frente a mí. La luz se movía del centro hacia fuera, era tan intensa que me cegaba. ¿Qué es esto?, me preguntaba y hacía intentos en vano por ver de qué se trataba. Estuve así por unos instantes hasta sentir que algo tan delgado como un hilo entró por el centro de mi cabeza, llegó hasta el estómago y salió de la misma manera. Eso sucedió en un fragmento de segundo y después no supe qué pasó, me perdí, ya no supe de mí, igual que si me hubiera desmayado.

No sé si transcurrieron unos minutos o unas horas, pero desperté y aún estaba oscuro afuera, adentro yo tenía la luz de la vela de Selena. Me senté en la cama, un poco mareada, fui al baño y tuve que sostenerme de algo porque me parecía que en cualquier momento iba a caerme, estaba con el estómago un poco revuelto.

A la mañana siguiente no podía quitarme de la mente esa luz y pensé en comentárselo en la primera oportunidad a Georgette. La vela siguió encendida varios días en los que me acostumbré a dormir con esa luz y la imagen de Selena a mi lado, hasta que se apagó por sí sola el lunes 10 de noviembre a las siete y media de la mañana. Estaba colocada en un vaso delgado y medía unos dieciocho centímetros de altura; duró encendida ocho días, siete horas y treinta minutos.

Desperté unos minutos antes de que se apagara, vi que la flama ya estaba muy débil, y me quedé observándola. Le agradecí a Selena por haber estado conmigo todos estos días que fueron tan felices y lloré cuando la flama se apagó por completo. Era el fin de un momento maravilloso.

XXVIII
Un regalo especial

A mediados de diciembre Georgette llegó a Monterrey después de haber estado unos días en Houston. Tras explicarle a detalle lo que había pasado, me dijo que la luz había sido una manifestación de Selena. Quise saber por qué no podía abrir los ojos para verla. Me respondió que era para protegerme y protegerse ella misma, pero no entendía: ¿Protegernos de qué?

También me aclaró que mi malestar se debía a una cuestión emocional, pero yo seguía en las mismas... Además me dijo que Selena me había enviado algo, pero no podía decirme de qué se trataba sino dos días después. Yo moría de la curiosidad, pero tenía que esperar, como lo había pedido Selena.

Días después pasé por ella para llevarla a Televisa para su participación en el programa "Gente Regia". En ese momento me entregó el regalo que me enviaba. Era un perfume, el Burberry Weekend, Selena sabía que me encantaba. No salía de mi asombro, en particular cuando Georgette me platicó la aventura para conseguirlo.

Selena le pidió que me comprara un perfume, pero no le dijo cuál. Georgette pensaba llevar uno que a ella le gustaba. Al momento de pagar abrió su cartera y de manera imprevista salió la foto que yo le había dado mes y medio antes; de pronto escuchó que Selena le dijo que ese perfume no y le pidió ir a otra tienda.

La amiga que acompañaba a Georgette se sorprendió al escuchar a dónde tenían que ir y le advirtió que era muy lejos, por lo que debían atravesar la ciudad. Ya en el lugar, Selena señaló qué perfume quería regalarme, la dependienta comentó que era el último que quedaba y unos minutos antes un señor estuvo a punto de llevárselo, pero finalmente lo dejó.

Me comentó que durante su estancia en Houston Selena estaba muy contenta, pero inexplicablemente la foto que traía en su cartera se había puesto vieja, como si fuera muy antigua, le pedí que me permitiera verla y tenía un color amarillento, muy feo, como si esa foto hubiera sido tomada hace muchísimos años, los colores originales no se veían. Me apresuré a compararla con la foto que yo cargaba en mi cartera y la mía estaba normal, intacta, con sus colores originales. Era muy raro lo que había pasado, ni siquiera Georgette encontraba una explicación.

Antes de regresar al Distrito Federal, Georgette me dio algunas indicaciones para recibir el año nuevo. Selena quería que usara el perfume durante la cena de Navidad. La petición me extrañó, porque ella no celebraba esa fecha, pero supuse que lo hizo pensando en que para mí era importante.

Nunca voy a olvidar lo que sucedió a finales de enero de ese nuevo año, el 2009. Pude ver a Selena por primera vez en mi mundo real, no en ese sitio extraño a donde me llevó las veces anteriores.

Llegué a casa como a las once y media de la noche y me recosté en un sillón para ver un poco la televisión antes de ir a descansar. No tardé mucho en quedar medio dormida y entre sueños escuchaba un poco el ruido de la televisión. Tenía mi cabeza sobre un cojín en el respaldo del sillón, en un momento la giré despacio hacia el lado contrario y entreabrí un poco los ojos intentando despertarme. Aproximadamente a un metro de distancia de donde yo me encontraba había una silueta de una mujer parada; estaba casi de perfil hacia mí y a punto de darme la espalda, parecía flotar mientras se retiraba. No alcancé a verle bien la cara, vestía con un saco color café hasta la cintura, una falda pantalón en color más claro, que llegaba un poco arriba de los tobillos, y unas botas en color café de piso; su peinado era un chongo sencillo y pegado a la espalda.

Mis ojos se cerraron pero de inmediato los abrí para cerciorarme de lo que estaba viendo. Ya estaba bien despierta pero la silueta desapareció y me quedó la duda de si realmente la había visto o si la soñé.

A mediados de febrero Georgette regresó a Monterrey. Al salir de un programa de televisión, quedaba un poco de tiempo antes de ir al aeropuerto y decidimos tomar un café para platicar. Por fin me animé a contarle lo que meses antes había escrito acerca de Selena. Nunca lo había comentado con nadie, pero quería despejar dudas y necesitaba de la ayuda de Georgette para saber exactamente de qué se trataba o por qué me había sucedido eso.

Le pedí que en la primera oportunidad en que tuviera contacto con Selena le preguntara si ella sabía por qué estaba escribiendo sobre ella. No tuve que esperar mucho tiempo para obtener la respuesta, en ese mismo momento Georgette me dijo que Selena quería que escribiera un libro en el que se presentara la verdad. Su título sería *La verdadera historia de Selena...*

Pero mi siguiente pregunta era ¿cuál verdad quería que escribiera? La respuesta fue que ella me guiaría, movería la pluma en mi mano y me sorprendería lo que iba a escribir. Del asombro pasé a la preocupación y lo primero que pensé fue que don Abraham me iba a demandar.

—A don Abraham no le va a gustar nada que escriba un libro sobre Selena, lo va a tomar como una traición, ellos me consideran amiga de la familia, voy a tener muchos problemas —le dije preocupada a Georgette.

—Dice Selena que no te preocupes, que sí vas a tener problemas con su papá, pero ella va a estar contigo todo el tiempo para ayudarte.

Al poco tiempo de su muerte se acercaron varias personas para recomendarme que hiciera un libro sobre ella e incluso se ofrecieron a ayudarme, pero simplemente ésa no era una posibilidad. Siempre les decía que nunca lo escribiría... Pero ahora era la propia Selena quien me lo estaba pidiendo, algo verdaderamente increíble.

Quise que Georgette le preguntara por cuanto tiempo más tenía que escribir. Respondió que un año y el libro se tendría que dar a conocer en una fecha muy importante para ella. Pensé que eso sería su fecha de nacimiento o en un aniversario más de su muerte. Reflexioné que el año siguiente se cumplirían quince años.

—Ésa es la fecha —le dije emocionada a Georgette—. Ésa es la fecha, es dentro de un año, el próximo año se conmemora el décimo quinto aniversario, el libro tiene que darse a conocer cuando se cumplan los quince años de la muerte de Selena, el 31 de marzo de 2010.

Salí de ahí con las ideas más claras, aunque aún sorprendida por la tarea que Selena me había asignado. Escribir sobre ella era una gran responsabilidad, lo que yo había escrito hasta ese momento carecía de forma, tenía que empezar a estructurarlo como un libro y eso era algo que yo nunca había hecho.

Con la impresión casi olvidé comentarle a Georgette sobre la silueta que vi. De hecho, estábamos ya en el auto cuando lo recordé.

—Hay algo que me pasó y que quiero contarte —le dije.

—Y ahora qué te pasó, ¿te fuiste a algún lado?

—No, hace unos días llegué a mi casa como a las 11:30 de la noche, me recosté en un sillón de la sala para ver la tele, me quedé medio dormida, y cuando volteé hacia mi izquierda creo que vi... —Georgette me interrumpe para preguntarme.

—¿Una silueta de mujer? Sí, la viste, era ella —me respondió Georgette ante mi desconcierto.

—¿Cómo lo sabes? ¿La estás viendo? —le pregunté sorprendida.

—Sí, ella se estaba materializando, quería tocarte, quería tocarte aquí —dijo señalando mi mejilla y el pelo.

—¿De verdad? Pero es que yo no supe si era ella porque no le vi la cara, todo fue tan rápido y ya estaba casi de espaldas.

—Sí, si te hubieses tardado algunos treinta segundos más sin moverte ella hubiera terminado de materializarse y probablemente la hubieras visto bien, pero en el momento en que volteaste ella se retiró con un movimiento muy rápido, no quería que te asustaras, por eso la alcanzaste a ver cuando se iba.

—Yo no estaba segura de haberla visto de verdad o en sueños, pues estaba entre dormida y despierta.

—Estabas en cierto estado de conciencia que te permitió verla, no la soñaste —reafirmó Georgette.

No salía de mi asombro, Selena quería tocarme. ¿Cuál sería mi reacción si la hubiera visto totalmente materializada? Creo que me habría asustado, y mucho.

Dejé a Georgette y durante el trayecto a mi casa no dejaba de pensar en lo sucedido, había visto a Selena y ahora lo del libro, eran demasiadas cosas en tan poco tiempo.

Al llegar me volví a sentar de inmediato en la computadora para retomar el escrito que había estado intacto desde ocho meses atrás, ahora con pleno conocimiento de que se trataba de un libro.

Al mes siguiente, Georgette y yo nos volvimos a reunir en un café para platicar. Lo primero que dijo fue que la familia Quintanilla haría algo que Selena no quería que hicieran, que yo sabía de qué se trataba y debía hacer algo para impedirlo.

Lo entendí de inmediato. Cuatro días antes una reportera me comentó que iban a cerrar la boutique de Selena en Corpus Christi. Ella habló con el abogado que estaba llevando el caso y aparentemente la cerrarían porque Chris estaba en un proceso legal con su esposa, quien reclamaba derechos sobre la boutique de Selena.

—Van a cerrar su boutique —le aclaré a Georgette—, me acabo de enterar hace unos días, una reportera me lo comentó.

—Selena quiere que lo evites, dice que tienes que hacer algo para que no la cierren, dice que luchó mucho por tenerla.

—Sí, lo sé, era uno de sus más grandes sueños, me consta todo el trabajo que le costó tener su tienda y su propia marca de ropa.

—Pues dice que tienes que evitar que la cierren

—¿Pero yo que puedo hacer? —pregunté angustiada.

—Dice que hables con ira... algo así como ira... mira...

—¿*Mira*? Es una revista de Miami, ¿quiere que hable con esa revista?

—Sí, también algo de *people*.

—*People*, es la revista *People*, puede ser *People en Español*.

—También con algo de latino, o latina.

—Hay una revista que se llama *Latina*, creo que la hacen en Nueva York.

—Quiere que hables con ellos, que hagan algo para que no cierren su tienda.

—Según lo que me dijo la reportera, la boutique la cerrarán ya, y algunas revistas cierran sus ediciones con dos meses de anticipación —le aclaré—, aunque hable con ellos y publiquen algo será demasiado tarde; además no creo que don Abraham deje de vender la tienda porque las revistas publiquen algo al respecto, no creo que ésa sea la mejor forma. Y tampoco puedo llamar a las revistas así como así para decirles que publiquen algo y evitar que cierren, definitivamente hay que pensar en algo más —dije esperando que Georgette comprendiera para hacérselo saber a Selena.

En ese momento se me ocurrió marcarle a la reportera que me había hablado sobre eso para saber si tenía más información.

—Parece que la van a vender —le dije a Georgette.

—Que la compres, dice Selena que la compres —me dijo apresuradamente.

—¿Comprarla? —le dije muy sorprendida— ¿Con qué dinero? Yo no tengo dinero para comprar la boutique, sí lo tuviera claro que la compraría —me sentía un poco agobiada.

—Dice que tienes que hacer algo, si cierran esa boutique ahora sí es como si la mataran definitivamente.

Este último comentario me angustió muchísimo, me imaginaba la desesperación de Selena por no ver cerrada su boutique, mi cabeza trabajaba a mil por segundo tratando de encontrar una solución.

—¿Cuánto costará la boutique? —le pregunté a Georgette. Me respondió un número dictado por Selena: 142.

—¿Ciento cuarenta y dos? ¿Serán 142 mil dólares? Son como dos millones de pesos. ¿De dónde voy a sacar esa cantidad en este momennto? Sólo que me saque la lotería o los pida prestados al banco... No sé, tengo que pensar.

—Sí, dice que pienses en algo, pero que no dejes que cierren la boutique.

Mientras yo trataba de encontrar una solución, Georgette me preguntó sobre el libro. Le dije que iba muy bien pero en ese momento estaba un poco "atorada" analizando las declaraciones del doctor Martínez, acerca de que Selena podía haber estado enamorada de él; de inmediato obtuve la respuesta a mis inquietudes:

—Dice que no te preocupes por eso, que eso nunca sucedió.

—Lo sé, nunca he tenido ni siquiera la más remota duda sobre eso, pero lo que me tiene "atorada" es que estoy tratando de entender las razones de él para atreverse a decir algo así. ¿Acaso Selena hizo o dijo algo que lo hiciera pensar eso?

—Dice que no, que sólo quiso salir a la luz pública utilizándola a ella.

—¿O sea que sólo buscaba sus cinco minutos de fama? —pregunté sintiendo una terrible impotencia.

—Sí.

—Qué desgraciado —fue lo único que atiné decir.

Al pensar cómo me gustaría que Selena le dijera unas cuantas cosas y lo pusiera en su lugar, se me ocurrió la idea de incluir algunos mensajes de ella para las personas que deseara. Si podíamos tener comunicación tal vez quisiera hacerlo. Le expresé a Georgette mi inquietud y apenas estaba terminando de comentárselo cuando me dijo que sí, Selena aceptaba.

—¿De verdad se puede hacer eso? —le consulté intrigada a Georgette.

—Sí, sí se puede, de hecho van a ser seis mensajes, el primero será para Chris.

—Será muy interesante saber lo que piensa tras su muerte, es increíble.

—Sí, hay otro para Yolanda.

—Y seguramente los otros son para su mamá, su papá, AB y Suzette —deduje—, ahí están los seis mensajes. ¿Y cuando será esto, cómo lo vas a hacer?

—Lo haremos más adelante, tú tienes que estar conmigo cuando me los dé —me aclaró y agregó que tendría que preparase con tiempo y, entre otras cosas, tendría que llevar a cabo un ayuno de cinco días en los que sólo tomaría agua.

Quise saber los motivos de esto.

—Mi cuerpo tiene que estar limpio, si como algo mi mente va a estar pensando en lo que está en mi estómago.

—¿Y puedes aguantar los cinco días sin comer nada?

—Sí, ya lo he hecho.

—Nunca me imaginé que tuvieras que hacer eso, es un gran sacrificio.

—Lo voy a hacer porque se trata de ti y de ella.

Estaba fascinada, era fantástico que Selena pudiera enviar mensajes desde donde estaba.

XXIX
Aún tiene algo que decir...

Durante los días siguientes estuve al pendiente de los medios informativos en busca de más información sobre la boutique, pero no surgieron novedades. La única manera de saber lo que sucedía era llamar a don Abraham y preguntarle directamente, pero me cuestionaría sobre mi interés, y yo no podría explicarle que Selena no quería que la cerraran.

No estaba en mis manos evitar el cierre de la tienda en esos momentos, por lo que me hice el compromiso de algún día volver a levantar esa boutique; en la primera oportunidad se lo comenté a Georgette para que a su vez ella se lo hiciera saber a Selena.

A fines de abril sucedió algo que me dejó con la boca abierta. Fui al súper a surtir la despensa y en el stand de las revistas, justo a la altura de mi cara, vi un ejemplar de la revista *Mira*; en la portada había un recuadro con la foto de Selena y el siguiente encabezado: "Selena, por qué sus fans están furiosos", la tomé sin vacilar y seguí con las compras.

En casa, cuando tomé con más calma la revista, me sorprendió el título del artículo: "Desaparece uno de los sueños de Selena". Hablaba precisamente sobre el cierre de la boutique, y un párrafo en especial llamó mi atención:

"La reacción de los fanáticos de la Reina del Tex-Mex no se ha hecho esperar; pues la boutique se ha convertido en un lugar obligado para los turistas y consideran que cerrar el establecimiento es como borrar una de las pocas cosas que mantienen viva su imagen en su ciudad natal.

"Además, están muy molestos por lo descuidado que ha permanecido su monumento conocido como 'El Mirador de la Flor', en la bahía de Corpus Christi. El lugar se encontraba en una condición lamentable, lleno de graffiti, basura y sin iluminación, pero gracias a la denuncia hecha por los medios locales la ciudad realizó los trabajos que requería el monumento."

Era como si le hubieran leído el pensamiento a Selena; la boutique mantenía viva su imagen, al cerrarla era como si la mataran definitivamente, según las propias palabras ella.

Regresé al súper para adquirir otros ejemplares, pero ya no conseguí más. Me di a la tarea de recorrer otros puestos de revistas y me decían que el ejemplar que buscaba era de dos ediciones anteriores, ya no la iba a conseguir porque la distribuidora ya se había llevado las que sobraron. El que yo encontré se les debió quedar olvidado o extraviado.

Recordé las otras revistas que Selena mencionó. Sólo encontré *People* y *People en Español*, pero la edición que en ese momento estaba a la venta no publicaba nada acerca de su boutique. Busqué *Latina*, pero me dijeron que no se distribuye en México. Guardé celosamente mi ejemplar de *Mira* para mostrárselo a Georgette.

Dos semanas después volví a visitar el mismo súper y aunque no tenía la intención de comprar el periódico, me encaminé hacia el stand de las revistas, sin saber por qué; cuál fue mi sorpresa al ver frente a mí, en el mismo sitio que la vez anterior, otro ejemplar de esa misma edición de *Mira*; bastante sorprendida la tomé sin vacilar y busqué de manera minuciosa revista por revista, tratando de encontrar otro ejemplar, pero ya no había más. Me preguntaba cómo encontré otro ejemplar si la ocasión anterior busqué a conciencia y no había más.

No podía ser una casualidad. Creí que de verdad era algún tipo de señal de Selena. Se lo comenté por teléfono a Georgette y no se extrañó para nada. Me dijo que ya había empezado el ayuno porque Selena ya estaba lista para darme los mensajes.

En su siguiente visita a Monterrey me dijo que esa misma noche me daría los primeros tres mensajes. Yo estaba muy entusiasmada, a la expectativa de lo que iba a suceder. Llegué a su casa a las nueve en punto y, después de platicar un poco, ella se instaló en un sillón, cruzó sus piernas en posición de loto, tomó una grabadora en sus manos, cerró sus ojos y se concentró.

Ese momento tan especial había llegado. Pronto sabría lo que Selena aún tenía que decir.

XXX
La verdadera versión de los hechos

Los siguientes son los mensajes que Selena me hizo saber a través de la doctora Georgette Rivera el lunes 18 de mayo del 2009, a las 21:20 hrs.
Sus primeras palabras fueron dirigidas a mí.

Hoy, 18 de mayo del 2009, les quiero dar las gracias por acompañarme y por haber confiado en todo este proceso que ha sido tan difícil para mí, desde otro plano espacio-temporal donde ha sido toda una tarea poder conseguir la forma de comunicarme contigo. Tú sabes perfectamente todo el cariño que siempre te he tenido, no te puedo hablar en pasado sino en presente porque mi cuerpo ya no está pero mi espíritu se mantiene aquí, vivo, no solamente en tu mente, no solamente en tu corazón, sino en el de todos aquellas personas que un día me acompañaron en tantos momentos, a tantos lugares, conciertos, lugares especiales, donde se reunían para darme su tiempo y su cariño, porque realmente eso fue lo que hicieron, darme su tiempo y su cariño.

Yo no les di otra cosa más que lo que sabía hacer, y aquello para lo que nací, y tú sabes perfecto que eso era lo que más amaba hacer, además de muchas otras cosas que me gustaban y que yo quería que formaran parte de aquella gran familia que había dejado a muchos de sus abuelos y parientes del otro lado... Era una forma de conectarlos con su identidad, con sus raíces, de no hacerlos que se sintieran tristes, sino que pudieran tener un poco de alegría en el alma, en el corazón.

La música... Algo que traspasa fronteras, quita guerras y une a las personas más escépticas, sé que eso fue alguna de las cosas que yo pude lograr, gracias a muchos seres humanos que estuvieron en ese momento, que han seguido estando y que, como el día de hoy, como tú, me acompañan en algo tan importante.

Sé que este mensaje no tendría validez si fuera a través de cualquiera de las personas que me conocen, porque no creen en ello, no creen que hay una vida después de la muerte, pero después de la muerte hay espacios infinitamente preciosos, donde uno puede ver a sus seres queridos; pasas por los momentos en los que también puedes ver toda tu vida y encuentras una serie de equivocaciones, de conflictos, de situaciones que no tenían lugar, que de pronto hay un momento en el que tú empiezas a reaccionar y te das cuenta que únicamente tienes ese espacio para hacer lo que te tocaba, tal ves eran cinco minutos, tal vez eran diez, pero lo que el señor te da, todo lo que papá Dios en ese momento nos brinda es únicamente la oportunidad de poder ser nosotros mismos.

El día de hoy quiero enviar el primer mensaje a una persona que compartió conmigo no solamente un espacio musical, a mi familia, compartió mi corazón, compartió mis manos, compartió mis ilusiones, mis alegrías, mis tris-

tezas y mi dolor, aquella persona con la que únicamente me faltó tener un hijo, pero a quien hoy lo bendigo porque es un gran padre.

A Chris:

Que siempre supo todas las batallas de mi corazón, por hacer, por no hacer, por decir, por no decir; a esa persona que hasta el día de hoy sé que ha peleado por darme un lugar en su vida, que ha peleado por mi nombre, que me respeta y que sabe perfectamente que desde donde yo estoy, todo lo que yo pueda hacer para él y para su familia lo voy a seguir haciendo, lo voy a bendecir, lo voy a proteger y le voy a mandar todas las cosas que él siempre deseó… Paz… era lo que él quería tener conmigo, una familia donde los niños corrieran por la casa, creo que ahora él tiene los niños corriendo por la casa, pero no tiene que desanimarse, esos niños van a estar con él siempre.

No quiero que pelee por mí, no quiero que tenga desavenencias por mí, quiero que disfrute la vida que tiene el día de hoy, y que eso no se contraponga con el amor que me tuvo porque sé que eso es eterno, y que en el otro plano eso simplemente va a ser para siempre.

Quiero darle todo mi agradecimiento, todo mi cariño por haber compartido cosas tan maravillosas, y lo más importante: por haber creído en mí. Sabes que desde donde estoy te amo, te sigo amando, y se así como esas noches en las que tú pones la cabeza en la almohada y piensas en mí y por qué sucedió todo esto. Solamente te puedo decir que era un momento que yo tenía que vivir para ver desde otra pers-

pectiva las cosas, que tal vez estando en tierra no podía ha-
cerlo, pero quiero decirte algo: vives en mi mente, vives en
mi corazón, eso es algo que tú un día me dijiste, un día en
tu desesperación, en tu dolor, una noche en la que llorabas...
No te preocupes, siempre estoy ahí, y sabes que no solamente
vivo en tu mente y en tu corazón, nuestros nombres están
juntos eternamente y desde el cielo yo puedo velar por ellos,
te amo y siempre te amaré, para ti. Siempre tuya...

Al terminar de decir esto hizo una pausa para enseguida continuar:

Muchas veces un nombre quiere decir tantas cosas y de
pronto cuando escucho el tuyo, Marcela, se me ilumina todo
el ser.

Desde el momento en el que fui concebida, y tocabas
tiernamente tu estómago, sabías que yo venía, en tu inte-
rior sabías que había algo especial que cambiaría nuestras
vidas.

Agradezco tanto todas tus noches de desvelo, todo el
amor que me profesaste, porque desde mi primer día hasta
el último fuiste lo más importante, la palabra que se tiene
que ganar un ser humano para poder nombrar con todo el
respeto. Mamá, te amo.

Siempre fuiste tan buena, siempre tuviste tiempo para
cada uno de tus hijos, siempre preocupada, siempre anhe-
lando que llegara un mejor mañana para que viviéramos
como tú y papá habían querido. No te culpo por estar siem-
pre deseando, y digo siempre, siempre, siempre, porque has-

ta mi último momento siempre te preocupaste porque nadie sufriera y porque a nadie nos faltara nada.

Fuiste una mujer justa, completamente dentro de mi corazón está el lugar más importante para ti, es una lástima que a mí alguien no me hubiera podido decir esa palabra, pero fui y soy tan afortunada porque la mencioné tantas y tantas veces, a ti... Te amo y lo sabes, te lo dije, mamá, eres lo más hermoso que una persona puede pronunciar.

Desde este lugar quiero decirte que te he visto cómo ha pasado el tiempo y sigues con esa dulzura, y sigues con ese amor a pesar de todo el dolor que pasaste por mí... Perdóname si algo dentro de tu corazón se movió de una manera que hasta el día de hoy no ha podido repararse, pero sabes perfectamente que nunca habría deseado esto para ti.

Fuiste fuerte para darle a mis hermanos esa tranquilidad, que siento que para AB todavía no llega, pero sé que has sabido tocar su corazón para poderles dar lo que ya no puedo yo en este momento: un abrazo, un beso, una caricia... porque yo era apapachadora, siempre me la pasaba tocándoles la espalda, dándoles un golpe en el brazo, siempre quería besar, abrazar, morder los cachetes o jalarlos, era algo que yo disfrutaba y sobretodo contigo, una mujer tan llena de vida, tan llena de armonía. Te amo desde donde estoy, desde donde estuve, y desde donde siempre estaré, aquí arriba.

Quiero que sepas que en el momento en que tú necesites cruzar esa puerta, ese umbral, mi mano va a estar contigo, yo estaré ahí, y te daré el abrazo más profundo, el *abrazo más fuerte, porque sé que me amas, sé que me extrañas y contigo siempre estaré…*

Te amo, mamá.

Y Selena continuó:

Tal vez debería seguir con toda la familia, pero hay algo que aprendí desde este lugar.

A ti, Yolanda, ya te perdoné, no quiero decir que haya tenido un sentimiento malo, simplemente nunca me imaginé que después de haberte dado la mano, abierto las puertas de mi casa y de mi corazón, hubieras hecho daño a mi familia y a mí, que es lo que yo más quería; hasta mi padre que es una persona tan y tan completa, que tiene un ojo para saber quién es quién, te abrió las puertas de la casa y te dio un trabajo.

Creo que para ti no habrá peor castigo que el que tú sola decidiste que querías tener: estar encerrada en cuatro paredes por el resto de tu vida. Tu egoísmo llegó a tanto y sin embargo yo soy libre, puedo ir y venir como el viento, tú ya no lo podrás hacer.

Todo lo que le dijiste a la gente sabes que son mentiras, pero yo quiero decirle a todos que efectivamente me quisiste mucho, aunque con un cariño enfermo, con un cariño que no permitía que yo estuviera con nada ni nadie, y sobretodo con un cariño que te hizo matarme, un cariño que te llevó a jalar un gatillo, un cariño que confundiste, un cariño enfermizo que a ti te dañó hasta crear en tu mente sombras y fantasmas que hoy día siento no existían; con todo y eso, traicionaste nuestra confianza, y lo que más te dolió fue el hecho de que mi padre descubriera tus fraudes y tus mentiras. Sé muy bien que eso es lo que tú querías, sin embargo querías tapar el sol con un dedo, pero querías hacernos daño. ¿Por qué hacernos daño después de toda la confianza que te manifestamos? Eso sólo tú lo sabes, y vivirás con eso hasta el último de tus días.

Sólo quiero que sepas que en mí no hay rencor, deseo que puedas vivir en paz, si es que en tu cabeza ya te perdonaste y ya puedes estar tranquila después de lo que hiciste, te dejo en libertad, yo te suelto, pero tú quién sabe si puedas hacerlo un día.

Mientras escuchaba los mensajes, por mi pecho iban y venían un sin fin de emociones, sentía un nudo en la garganta, era Selena quien se estaba comunicando, era tan revelador y a la vez tan impactante escuchar sus palabras, conocer lo que ella siente y lo que piensa, eso era increíblemente posible.

No pude evitar las lágrimas mientras reafirmaba su eterno amor a Chris, y lo mismo mientras hablaba sobre la persona que ocupa el lugar más importante en su corazón, la mujer que le dio la vida, su mamá.

Después todos mis sentidos se concentraron en las palabras dirigidas a la mujer que le arrebató la vida, Yolanda Saldívar... ¿Se atreverá algún día a responder la pregunta que Selena le hace?

Ahora sabrá que Selena la perdonó, pero también sabrá que ya nada la une a ella, que ya no existe más para Selena; tendrá que dejar de hacer suposiciones sobre lo que Selena piensa o siente respecto a ella; ahora lo único que le queda es luchar contra sus propios demonios internos para ponerse en paz consigo misma, y solamente lo logrará el día que reconozca para sí misma la verdad y tenga la capacidad para decirla con toda la libertad que un ser humano puede ser capaz; pero si durante el tiempo que le queda de vida no logra conseguir esto, ni siquiera la muerte podrá brindarle esa paz que finalmente el espíritu necesita para estar bien.

Después de escuchar estos tres mensajes, una gran inquietud me vino a la mente. Si Selena podía transmitir mensajes, ¿Sería posible que diera a conocer lo que sucedió aquel 31 de marzo de 1995?

La única versión que se conoce hasta ahora es la de Yolanda Saldívar, y ella siempre ha sostenido que fue un accidente.

De inmediato se lo comenté a Georgette y me dijo que sí era posible, pero tenía que consultarlo con Selena.

Me emocionaba sobremanera el simple hecho de pensar en la posibilidad de que Selena diera a conocer su versión de lo sucedido, simplemente era fascinante, increíblemente fantástico.

Al día siguiente Georgette me dijo que Selena había aceptado narrar los hechos, lo haría luego de darme los tres mensajes restantes, pero habría que esperar un día más para hacerlo.

Quedé impactada, sin palabras, era posible conocer la versión de Selena, se me hacía eterno que llegara el día siguiente para conocer el resto de los mensajes y saber, por la propia Selena, lo que había sucedido en su asesinato.

Georgette me citó a las dos de la tarde, pero me pidió que dos horas antes, justo al mediodía, le encendiera una vela rosa a Selena.

Como las ansias me consumían llegué un poco antes de esa hora, así que pudimos empezar de inmediato.

Nuevamente Georgette se sentó en el mismo sillón, en posición de loto, tomó la grabadora y cerró sus ojos. Unos instantes después empezó a transmitirme el resto de los tres mensajes. Eran las 14:05 hrs. del miércoles 20 de mayo de 2009.

Este mensaje es para mi hermana Suzette.

Hermanita, desde aquí en el cielo te quiero mandar todo el cariño y todo mi amor, siempre compartiste conmigo muchos de mis sueños y anhelos más profundos, estuviste pegada a los momentos en los que cantaba, en los que reía, en los que lloraba, fuiste una de las compañeras más importantes en el sueño de poder hacer todo lo que es la ropa, un sueño para muchas otras personas que querían usar o llevar algo de lo que yo había pensado para ellos, para mi persona.

Tienes una manos geniales, tienes unas manos que se dejan acompañar de toda tu capacidad y de todo tu talento, no dejes de hacerlo, sabes perfectamente que tú también llevas en la sangre una estrella, que sabe cantar, una estrella que sabe hacer muchas cosas, tal vez siempre estuviste acompañándome y no tomando el lugar que tú también tienes, una voz preciosa, pero al final me tocaba en ese momento hacer mi trabajo.

Sólo quiero decirte que no dejes de luchar por tus sueños, que tienes muchos dones especiales y los puedes explotar. En este momento sé que eres una mujer a la que le hace falta realizar algunos de sus sueños, y los vas a hacer y los vas a lograr, pero antes que nada nunca pienses que ya no hay tiempo para hacer las cosas, al contrario, tiempo es lo que sobra pero a veces no tomamos la decisión en el momento adecuado. Te mando todo mi cariño, todas mis bendiciones y gracias por ayudar tanto a mis padres en este duro proceso de aceptar todo lo que pasó y lo que fue este incidente que ninguno esperábamos... Te amo con todo mi corazón, y sabes que siempre te llevaré en mi mente como tú lo has hecho hasta el día de hoy cada que haces una oración, te amo...

Inmediatamente empezó el mensaje para su hermano.

AB, han sido tantas noches de llorar en las que has puesto oraciones y maldiciones porque ya no estoy. Si yo hubiera sabido todo el dolor que ibas a cargar después de esto, no sabes lo que habría hecho para no provocarte y que no faltara en tu corazón ese pétalo en la flor.

Hiciste tantas cosas por mí, escribiste tantas cosas lindas, me acompañaste en el momento más importante, en el más triste, en el más duro, cuando la gente no nos quería, cuando la gente nos quería, cuando no nos aceptaba, cuando sí, cuando no, en todos los procesos de mi corazón, de mi vida y de mi mente, te veo desde acá, y veo a un niño muriéndose de miedo, a un niño que muchas veces necesita un abrazo, una caricia, y amigos sinceros; es lo único que te hace falta.

Tal vez esa oscuridad en la que caíste sea producto de que ya no podamos darnos la mano y estar juntos físicamente, y que me digas todas las cosas que le pasan a tu corazón, pero hoy quiero que sepas que estoy muy orgullosa de ti porque has logrado salir adelante, después de haber estado en mundos difíciles, con gente perversa que ha abusado de tu bondad, de tu cariño, quisiera tener unas manos grandes y abrazarte con todas mis fuerzas y decirte que aquí en mi pecho te oigo llorar, a veces lamentarte, a veces pensar que si tu hubieras estado en ese momento nadie podía hacer nada más, nadie... Ese momento ya pasó, déjalo ir, no te culpes, lo que me diste, me lo diste, lo que no es porque ya no tocaba, pero quiero que en tu mente y en tu corazón nunca exista alguna culpa de que hubieras hecho algo, alguna situación que pudiste haberme platicado o comentado, siempre te escucho, siempre te oigo, siempre estoy al pie donde tu estás, en esos momentos donde ya no sabes qué más hacer, donde te sientes como si el agua te estuviera ahogando; yo estoy ahí, en los amaneceres, cuando muchas veces abres los ojos y dices "otra vez estoy aquí y ya no sé qué hacer, ya no se cómo empezar el día"; yo estoy ahí, te estoy dando la mano y te estoy diciendo que te amo, pese lo que pese, y a la misma vez te abro mi corazón para que sepas que te escucho, en la mañana, en la tarde, en la noche...

Quiero que vivas feliz, quiero que abraces a los seres queridos, que no vivas enojado con los demás ni contigo mismo, que a tus hijos los beses mucho y los disfrutes. Cómo me habría gustado poder tener esa bendición, tú sabes cuanto la quería, y tú la tienes, los niños, ámalos, quiérelos, lucha por ellos, pero sobre todo por ti... sobre todo por ti...

Te amo mucho, y sabes que siempre vas a contar conmigo porque tú nunca me fallaste, pero no te falles a ti, eres una estrella que ilumina mi corazón, vive para ti, vive para ser feliz, recuerda que si Dios nos perdona por qué no habrías de perdonarte tú a ti mismo por las cosas que sabes que no te han gustado como las has hecho, o las decisiones que has tomado.

No sufras por mí, alégrate de que yo ya no tengo que cargar con todos los problemas de allá abajo, y lo sabes, hay unos complicados y otros sí me gustaban, pero al final tienes que entender que si estás allá abajo es para ser feliz, te quiero feliz, te quiero sonriendo, te quiero como en esos momentos y en esos conciertos donde no pensabas en otra cosa más que en dar tu talento, en sudar hasta lo último para complacer a la gente, síguelo haciendo, pero piensa primero en ti.

Estás en mi corazón siempre, te amo muchísimo, y recuerda, nada hay peor que no rectificar a tiempo; y tú tienes todo el tiempo para ser feliz, elimina lo que ya no quieras, quita a la gente de tu camino que te haga daño, y recuerda: siempre tendrás una mano para que esté contigo. Te amaré siempre, hermano.

Tras una pausa, siguió otro mensaje:

Papá... *qué difícil para mí, muy difícil... En tus creencias y en tu forma de pensar. A veces tuvimos algunas desavenencias en el trabajo, con personas, pero siempre estuviste ahí, apoyándome.*

Te costará trabajo y te será difícil creer que yo te esté enviando un mensaje, sabes que lo haría.

Tú sabías que iba a triunfar, sabías que iba a cruzar de un continente a otro, lo que tal vez no sabías es que gracias a tu disciplina y a tu apoyo no solamente llegué a cruzar un continente, sino las barreras del tiempo, y estoy aquí para decirte que no tengo otra cosa que decirte más que gracias por haberme dado la vida, por haber estado conmigo en las buenas, en las malas y en las peores, y por haberme ayudado siempre con tu carácter, con tu forma de ser, a levantarme de esos momento difíciles. Siempre me respaldaste, siempre diste la cara y hasta el día de hoy lo sigues haciendo.

Dios te bendiga siempre, te amo con todo mi corazón, y no te digo más, porque sé que no necesitas que lo haga, porque me llevas ahí adentro porque te he dolido como nada en el alma, pero yo quiero agradecerte por todo aquello que a través de ti se logró. Bendito seas y que siempre todo, todo, todo lo que tú quieras y necesites Dios te lo provea, y que no te falte nada de lo que tú necesitas, eso es lo que mereces por haberme hecho tan feliz, por haberme apoyado tanto, gracias papá.

Tras una pausa, Selena procedió a narrar los acontecimientos ocurridos en la habitación del Motel Days
Inn, aquel viernes 31 de marzo de 1995.

*Hubo hechos y acontecimientos que los fans y la gente que
me quería, que me sigue queriendo, me amaba y me ama,
no se explican. Todo esto es para ellos, para los que después
de tantos años siguen en pie, para los que después de tantos
años van y dejan flores a mi tumba, para aquellos que hacen una nota, un reportaje, para todas las personas que tal
vez no me conocieron pero que yo significaba en su corazón
un granito de azúcar, de arena en su vida, para mí son todo, y les debo una explicación.*

*Mi padre descubrió que Yolanda había estado tomán-
donos el pelo, yo me enteré y se me hacía increíble, pero
ante las pruebas no podía hacer otra cosa más que respaldar
a mi familia que siempre estuvo y estaba conmigo.*

*Yolanda no podía con el peso de esa verdad, lo peor que
podía haberle pasado es que mi padre la hubiera enfrenta-
do de tal forma que aunque a mí ya me hubiera tenido una
excusa creíble, me hubiera movido el corazón, porque ella
sabía que yo era una mujer muy inteligente y capaz de
poder darme cuenta de estas cosas, pero que tal vez mi forma de ayudar a la gente y de conmoverme por los demás
me hubiera hecho tal vez justificar su proceder, o simplemente el entender que yo habría pensado mucho, mucho
tiempo en poder demandarla o enviarla al lugar donde ella
está el día de hoy, que es donde de todas maneras ahí iba a
quedar.*

Ella pensaba que por mi bondad me seguiría tomando el pelo, así que un día, al saber que ya no podía engañarme, al saber que muchas cosas con mi padre ya no estaban bien en la relación de ella y de él, decidió visitar una tienda de armas. Ella se sentía con derecho a que si mi padre la enfrentaba frente a mí, podía dispararle, y si yo hacía algo más, hacérmelo a mí también, y no fue hasta casi dos meses después, tal vez, en los que ella, después de haber averiguado perfectamente cómo disparar un arma, y que no saliera el tiro por la culata, se podía proteger o se podía defender, dependiendo de la situación.

La cuestión es que ella una noche me citó y yo estaba dispuesta a verla. El propósito de Yolanda era verme sola, para llevar a cabo tal vez el amenazarme y decirme todas las cosas en las que inculpada, yo me vería forzada a no proceder de una manera legal si ella me apuntaba con un arma en el corazón, en la sien, o tiraba alguno de esos tiros; y resulta que yo no llegué a esa cita en las condiciones que ella lo había pensado o fantaseado, llegué acompañada y no fue la forma en la que ella había pensado que sucedería, por lo tanto, pretextando algún olvido, simplemente me dijo que al día siguiente podíamos vernos, yo de regreso a casa hice mi vida normal, común y corriente.

Y resulta que la vi al día siguiente; fui para darle mi apoyo después de haberme hablado dándome una mala noticia, de algo que le había pasado a ella y que yo, como cualquier ser humano, o tal vez no como cualquiera, sino como muchos de los seres humanos que tienen sentimientos y se conmueven cuando a una persona le pasa algo malo, fui corriendo a buscarla, porque antes de todas las cosas que me hizo fue mi amiga, fue una persona que me cuidó, fue una persona que estuvo conmigo, y en mi corazón tal vez había muchas cosas, pero nunca hubo una maldad, pensé que era verdad que ella me necesitaba en ese momento.

Cuando llegué la encontré sobresaltada, con los ojos abiertos, muy grandes, como los de un gato que no sabe si tirarse a la yugular; ella empezó a abrirlos cada vez más grandes, y yo me di cuenta que me había citado con unas mentiras, que no era verdad aquello para lo que ella me llamó, en ese momento le dije que yo no tenía por qué estar ahí, ella empezó a gritar, me dijo que ella no quería que yo dejara de creer en ella, yo le dije que yo no podía seguirlo haciendo y menos después de esta última mentira.

Al defenderse ella después de mi muerte dijo que había sido un error, que había sido una torpeza, que no lo tenía previsto, que ella nunca había deseado matarme, pero ella sabía que ya no podía convencerme de nada, que solamente si me decía algo que a mí me hiciera reaccionar y ver su lado humano yo estaría con ella, pero ya lo tenía preparado.

Además, que puedo entender que ya tenía un problema psicológico bastante fuerte hacia mi persona, donde estaba confundida en sus sentimientos, en sus pensamientos, y en todos los papeles que jugó en mi vida a lo largo del tiempo en que la conocí, como título de propiedad, como si yo no pudiera estar con nadie ni con mi propia familia, ni con mi esposo ni con otras personas que trabajaron conmigo en todo este tiempo.

En el momento de la discusión, al saberse descubierta, yo le dije que de mí ya no obtendría absolutamente nada, que no quería volverla a ver y que eso tendría que arreglarlo de una manera legal y que mi padre le haría saber, a lo que ella me dijo que eso no lo permitiría, que antes todo, y fue cuando yo volteé porque ya me iba y me dijo que no me fuera, en ese momento me quiso retener al amenazarme con una pistola, entonces yo le dije que no fuera a hacer una tontería de la que se arrepintiera.

Simplemente ella al verse histerizada sacó la pistola, apretó el gatillo y, puedo decir, de cualquier forma, que nunca tuvo la intención de asustarme y no quererlo hacer, ella sabía lo que iba a hacer, ella lo que no quería es que yo estuviera viva mientras ella estuviera pagando por todas las cosas que hizo.

Yo me sorprendí porque yo estaba casi de espaldas, en el momento de que me di cuenta de lo que había sido capaz de hacer, ella supo que yo ya estaba muerta, salí corriendo como pude, ella estaba lista, se avecinaba hacia la puerta para seguirme y darme un segundo tiro, no podía creer que esta mujer quisiera realmente verme muerta porque de no ser así, sólo habría querido dejarme herida, pero ya venir caminando en busca de darme un segundo tiro, eso no es un error, eso es toda la saña, eso es toda la intención de matar a un ser humano, para conseguir los fines que ella quería, de una manera en la que eso no se le hace a nadie.

Agradezco el tiempo de aquellos que lean estas líneas para comprender; si, efectivamente, tal vez era mi tiempo, pero ella fue la que decidió que hasta ahí llegaba mi tiempo.

Doy gracias a Dios por todo lo que me permitió hacer y por lo que no me permitió también, él sabe por qué, yo tenía que conocer el mundo desde este plano espiritual, y a muchos de los que han seguido conmigo a través del tiempo, gracias a todos, y espero que siempre, siempre sepan que ustedes, todos, son para mí una luz en mi camino, una luz en mi corazón, gracias por toda la fe que depositaron en mí... Dios los bendiga...

Cuando Georgette abrió los ojos y me entregó la grabadora yo estaba sin palabras. Lloraba en silencio y mi pensamiento sólo era ocupado por una frase: "No fue un accidente..."

En mi interior había sentimientos de coraje y dolor, ahora tenía la total certeza de que esta mujer había tomado la vida de Selena en sus manos con toda la premeditación del mundo, y con toda la falsedad posible en un ser humano aparecía en las entrevistas asegurando que había sido un accidente. ¿Qué pretendía? ¿Engañarse a sí misma para calmar su conciencia?

Una vez que Georgette se recuperó un poco, muy emocionada, me dijo: "Ya lo vi todo, lo vi todo, ya sé cómo pasó", y de un salto se levantó del sillón y empezó a escenificar lo que había sucedido en la habitación; me describió el lugar donde estaba parada Yolanda y dónde estaba Selena. Georgette simuló ser Yolanda e hizo sus movimientos en los últimos momentos de la discusión; movía su cuerpo de manera inquieta pero sin cambiar de sitio y por momentos se inclinaba un poco hacia un buró o la cama, tratando de tomar algo. Selena, muy molesta, se dirigía a la puerta; Georgette fingía ser Yolanda en el momento en que tomó rápidamente la pistola, le apuntó, gritándole que no se fuera. Selena volteó y vio que le estaba apuntando con una pistola, más o menos a la altura de la nariz o los ojos; se dio cuenta del peligro en el que estaba y se volteó para abrir la puerta, pero en una acción muy rápida Yolanda le disparó en la espalda. Selena se estremeció por el impacto e, incrédula, volteó a ver a Yolanda, como si le dijera "Lo hiciste, te atreviste", y salió apresurada para buscar ayuda.

Yo estaba muy sorprendida escuchando la narración de Georgette y le pregunté si ella podía ver todo lo sucedido en la habitación ese día. Con toda la naturalidad del mundo me dijo que sí, yo no daba crédito a lo que escuchaba y se lo volví a preguntar.

—¿De verdad tú puedes ver lo que sucedió ahí?

—Sí.

—¿Y puedes escuchar lo que hablaron?

—Sí.

—¿Y puedes ver sólo lo que pasó en la habitación o también puedes ver lo que pasó antes, cuando fueron al hospital?

—Sí, y también puedo ver lo que pasó un día antes.

—¿De verdad? Eso es lo que quiero, más información de lo que pasó, más detalles, la narración de Selena está muy bien, pero no entró mucho en deta-

lles, a mí me gustaría algo más descriptivo, mas detallado, ¿Lo puedes hacer?

—Sí, pero no ahora porque yo también estoy muy
cansada.

Qué diferente es la versión de Selena a la que Yolanda
había sostenido durante todos estos años; después de
esto, tenía una idea más clara de lo que ocurrió aquel
día y de lo que hablaron. Me hubiera gustado que Selena ofreciera más detalles, pero Georgette me explicó que para ella también era agotador el esfuerzo para
que todo esto fuera posible.

Yo salí de ahí con la grabadora directo a mi casa
para empezar con la transcripción de los mensajes,
ansiaba escucharlos todos de nuevo.

Lloré nuevamente al escuchar el mensaje dirigi-
do a Chris, reafirmándole su amor eterno; el de su
mamá fue el que más me conmovió.

El de Yolanda era el más revelador, mostraba una
gran decepción, un cierto reproche y una lección de
perdón después de la muerte.

El de AB era de comprensión, de palabras de
aliento y hasta de un pequeño "estirón de orejas"; el
de Suzette era de agradecimiento y entusiasmo, y, finalmente el de don Abraham, a quien pudo haberle
hecho algunos reproches, pero no lo hizo, valoró más
las cosas buenas que él le dejó.

Tuve que esperar al siguiente mes para la próxima
visita de Georgette a Monterrey para que me hiciera

su propia narración de los hechos ocurridos en la habitación de Motel Days Inn.

La siguiente es la narración de la doctora Georgette Rivera realizada el miércoles 17 de junio del 2009, a las 13:25 hrs., acerca de lo que sucedió en la habitación del Motel Days Inn, el 31 de marzo de 1995.

La noche anterior a la muerte de Selena, ella recibió podríamos decir que una invitación de Yolanda para verse más tarde, es decir durante el transcurso de la noche.

Yolanda tenía la fantasía o el deseo de que Selena llegaría sola, y la verdad es que todo el día Yolanda había estado muy nerviosa, se paseaba de un lado a otro, no sabía de qué forma podía atraer a Selena hasta que decidió, después de tres o cuatro horas, citarla y ella, como siempre muy cordial, le dijo que sí. Para sorpresa de Yolanda, Selena llegó acompañada por su esposo, cosa que arruinó inmediatamente los planes, y puedo decir que en la cara de Yolanda, si el esposo de Selena hoy día lo recuerda, se vio un dejo de tristeza, algo así como una desilusión, porque ella no fue sola.

Yolanda ya tenía planeado de alguna manera hacerle daño o atentar en contra de ella, o bien, por qué no, manipularla, chantajearla con falsos testimonios, cuestión que no llenó las expectativas de esta señora Saldívar, y le dijo que le comentaría después, o en otro momento, pero que por lo pronto, ya no habría algo más importante que hacer ese día.

Al día siguiente Selena todavía estaba en su casa, se veía descansando, estaba tranquila, recibió la llamada de Yolanda, sobresaltada, y lo único que hizo fue acudir.

Yolanda estaba histérica, le pedía ayuda y en el momento que Selena llegó al hotel, la vio levantar las manos muchas veces, histérica, temblorosa, diciéndole: "Selena, por favor, ayúdame, un hombre me violó, necesito que me ayudes, necesito que me digas qué voy a hacer con mi vida, por favor ayúdame". Selena le pidió datos, el nombre de la persona que la agredió, quiso saber qué fue lo que pasó, y le ofreció de una manera muy genuina llevarla con una persona especialista, un médico, a un hospital a practicarse un examen en el que se asegurara si había alguna agresión física a su persona. En el camino del hotel hacia el hospital, Selena iba manejando, no iba despacio, iba a una velocidad moderada, pero sí tendiente hacia la velocidad alta, porque Selena manejaba muy bien, entonces llegó al hospital, en donde se le practicó un examen detallado; mientras la señora Saldívar, se estaba arreglando, Selena recibió la noticia de que era mentira que esta persona hubiera sido atacada o agredida sexualmente por alguien más. Selena se quedó callada y desde ese momento, desde que vio a Yolanda caminar hacia ella, la vio con una mirada de tristeza y a la vez de enojo, no entendía qué era lo que estaba pasando.

Salieron de ahí, Selena adelantada uno o dos pasos a Yolanda, y Yolanda repitiendo: "Selena, por favor, espérame, tienes que creerme, yo sé que el doctor dijo esto pero yo fui atacada, yo sé que sí, esto me pasó, tú no sabes, lo sufrí mucho, lo padecí, me dolió, estoy deshecha por dentro". Se-

lena en ese momento empezó a desconfiar, lo único que quiso fue llevarla de regreso al lugar a donde había ido por ella; empezó a manejar, siento que tranquila, pero con una serie de pensamientos en su cabeza que se agolpaban; tuvo la necesidad de marcarle en ese momento a su padre, no quería molestar a su esposo porque estaba descansando, o tal vez no le iba a contestar rápido el teléfono, pero tuvo la intención de hablarle a su padre, sin embargo no lo hizo por algo en el ambiente, algo en esas tensiones que a veces surgen en las conversaciones o en algunas situaciones con la gente. Selena se percató y se dio cuenta de que eso estaba fuera de lugar, quería en su mente entender qué estaba pasando, qué estaba sucediendo, no sabía cuál era el trasfondo real de esta situación, cuestión por la cual fue callada de regreso, no pronunció muchas cosas.

Yolanda le rogaba, se le quedaba viendo mientras ella iba manejando, muy segura de lo que estaba haciendo en el camino, Yolanda volteaba a verla totalmente desmejorada, la amenazó, le dijo que se iba a matar si no hablaba con ella, si no le daba unos minutos de tiempo, para que le explicara por qué había hecho todas estas cosas y fabricado todas esas mentiras; le decía que no era por otra cosa sino por ella. Selena le dijo: "No mientas, por mí no estás haciendo nada absolutamente, esto lo estás haciendo por ti, y tú sabes perfectamente que has tenido actos negativos y que eso lo vas a tener que enfrentar de una manera a corto o largo plazo con la justicia, y que mi padre hará que todo el peso de la ley caiga sobre ti". Y eso fue algo que a esta mujer de mente rápida, mitómana, con una forma muy especial de inventar eventos en cinco segundos, le dio la idea de llevarla hasta el cuarto de hotel y fabricar ahí otra escena, otra historia como las que había fabricado desde hace un tiempo.

Selena accedió, fue con ella porque más que tenerle odio, más que tenerle resentimiento, se sentía muy triste y traicionada por alguien a quien verdaderamente ella había considerado de su familia, entonces más que un odio, más que sentirse con el derecho de decirle todo lo que hubiera podido en ese momento, decírselo a una persona que roba, a una persona que defrauda, quería escucharla pensando en que era la última vez en la que ellas tuvieran que ver, en las que ellas tuvieran una forma de comunicación cercana.

Accedió a ir a su recámara o a su cuarto de hotel y Yolanda sabía perfectamente lo que le tenía preparado; en el trayecto empezó a urdir un plan para convencer a Selena de que ella estaba bien y que las cosas que había hecho justificaban todo lo que había inventado y todas las cosas que habían sucedido a su alrededor.

Así que en cierta forma ella se vio, abrió la puerta de la habitación y se internó muy cercana a la cama. Selena tenía detrás la puerta, estaban frente a frente, y ya enojada le dice que es la última vez que se ven, que la sentencia, que ya no quiere hablar con ella, que ya no hay ninguna forma de comunicación posible, que la deja y que espera que las cosas le salgan bien, incluso lo dice de una manera cortés. Yolanda, desesperada, sabiendo que ya no iba a poder utilizar sus palabras mágicas para encantarla, le dijo que se iba a arrepentir. Selena respondió que no tenía nada de qué arrepentirse, que ella ya no la quería volver a

280

ver, que no quería volver a tener trato con ella. Entonces, Yolanda la amenazó, diciendo que ella iba a hacer que su imagen y todo lo que había creado con la gente tendría algo así como una campaña de desprestigio, que ella estaría dispuesta con pruebas, pruebas que no sé de dónde pensaba sacar la señora, tal vez con gente que se hubiera prestado para hacer que Selena tuviera un bache en su carrera, en su camino, al inculparla o al hablar de ella cosas que no eran ciertas.

Posiblemente esto era como el último recurso de Yolanda; Selena le dijo que estaba completamente loca, ése fue el momento en el que Selena levantó la voz y empezó a decirle que ella ya no tenía nada de qué hablar, que está completamente loca, que perdió el juicio, que perdió la razón y al decirle justamente todo esto que tiene que ver con la parte de su salud mental, esto la empezó a enloquecer más. Entonces Yolanda, desesperada, trató de verla vulnerable diciéndole que ella iba a hacer público que Selena tenía algún affaire o romance con alguien más y que la persona en cuestión podía decir que eso era cierto. Selena en ese momento se enojó terriblemente porque sabía perfectamente que eso no era cierto, pero ahí le llegó el aviso de los alcances que esta mujer podía llegar a tener en afán de deshacerla, de destruirla.

Esto la desilusionó enormemente y le dijo que se había roto la amistad, que ya con ella no tenía nada. Mientras, Yolanda piensa en negociar con ella y pedirle dinero para callar algo que no era cierto, subestimó a Selena, de forma que tal vez creyó que le iba a decir: "no te preocupes, te doy *tanto pero no digas nada". Finalmente, Yolanda desechó esta idea al darse cuenta de que mientras Selena se daba la vuelta para dirigirse a la puerta, se quitó un anillo de la mano, se lo quitó, no sé si era el dedo anular o medio, porque lo sacó muy rápido y no alcanzo a ver exactamente de cuál de los dos, pero lo sacó muy rápido y se puso el anillo en la mano. Este anillo tenía algún simbolismo especial entre Yolanda y ella; es cuando Yolanda decide no chantajearla porque entiende que ya no tiene caso.*

Cuando Yolanda ve que Selena se quita el anillo se histeriza aun más y se hace un poco hacia atrás, cerca de donde estaba una lámpara y un buró, como si se fuera a ladear, y finalmente lo que alcanzo a ver es que Selena apretó en la mano este objeto, y de un movimiento muy rápido Yolanda tuvo la pistola en las manos... apuntándole.... apuntándole a la altura no sé si de la cabeza, más abajo... Selena estaba de espaldas, ya para abrir la puerta y Yolanda le gritó: "¡No te vayas!". Se dio un poco la vuelta para ver qué era lo que estaba pasando con Yolanda y vio que le estaba apuntando, así que entendió que esta mujer estaba completamente loca, y que ella estaba en un peligro tremendo. Selena le dijo muy alterada: "¡Yo no me voy a prestar a ninguna de esas cosas!", le aclaró perfectamente que con ella ya no podía contar, que con ella no iba a hacer ningún tipo de negociación y nuevamente se volteó apresurada para abrir la puerta; ése es el momento en que Yolanda dispara el arma... Selena hace un movimiento brusco, el tiro le llega a su espalda.

Al darse cuenta de que estaba herida abrió la puerta que se encontraba solamente emparejada con el marco, de haber estado cerrada totalmente quizá ella no hubiera podido girar la perilla para abrirla. Esta acción de Selena tomó por sorpresa a Yolanda, quien tardó unos instantes en reaccionar antes de salir a buscarla; Selena, como pudo, huyó caminando lo más rápido posible, iba por un pasillo que se le hizo eterno, largo. Ella sentía que la vida se le estaba yendo y sólo quería que supieran quién le había hecho daño. Buscaba a alguna persona en el pasillo hasta que por fin llegó hasta una puerta muy pesada, y ese esfuerzo también provocó que ella se desangrara rápidamente. Había una persona que le preguntó algo así como ¿quién fue?, o ¿quién te hizo esto? En ese momento ella cayó al piso, y dijo Yolanda. Fue cuando perdió la vida.

En el momento que veo a Selena decir el nombre de la persona que le disparó la veo envuelta en una luz color violeta, en un aura color violeta que envuelve todo su cuerpo, como si ella estuviera vestida de color morado, violeta, brillante. Su rostro refleja paz. Es el momento en que ella salió de su cuerpo físico para entrar al plano astral, y mientras eso sucedió. la primer persona en quien pensó fue su esposo, en que él estaría esperándola.

Desde el momento de su muerte, Selena permaneció en el plano astral durante las siguientes 72 horas, y desde ahí ella pudo ver y escuchar todo lo que estaba sucediendo en el mundo, con su familia, con la gente, con Yolanda, con los preparativos para su funeral, etcétera.

Y fue precisamente en el plano astral donde Selena se da cuenta de que la vida le permitió llegar a millones de personas que, igual que ella, día a día buscan un sueño, su sueño personal.

Logró el éxito, pero ella realmente lo supo hasta el momento en que murió, se volvió más fuerte, más viva que nunca, y fue cuando se dio cuenta de la gran cantidad de personas que la querían. También supo que ya no tendría que hacer más giras de manera física porque estaría más cerca que nunca de sus fans: dentro de sus corazones.

Estas imágenes son tomadas de la manera más respetuosa de lo que de ese día puedo ver y saber que ella experimentó en ese cuarto de hotel donde, después de regresar por segunda vez en el día a esa recámara, la invadió una especie de angustia. Ella sabía que algo no andaba bien, lo supo cuando regresó, se veía desconfiada, sentía algo muy diferente a lo que había experimentado en esos años de convivencia con esta mujer; su sexto sentido le avisaba que algo no era de fiar y, efectivamente, así fue. Ella no tuvo tiempo de hacer más, pero afortunadamente el mundo sí pudo enterarse de quién le hizo tanto daño.

Era maravilloso escuchar este relato. Yolanda Saldívar sabría que no solamente ella podía hablar sobre lo sucedido aquel día, y lo más importante de todo, que Selena está aquí, regresó para que todas aquellas personas que la siguen queriendo y extrañando a pesar del paso de los años sepan la verdad.

Después de que Georgette terminó su relato platicamos y analizamos lo que sucedió. Yo estaba feliz porque ya tenía la versión más completa, y después, con cierta timidez Georgette me hizo un comentario que me dejó totalmente desconcertada, sin palabras.

—Selena quiere hablar contigo.

—Sí, dime —le respondí con toda la naturalidad del mundo.

—En persona.

—¿En persona…? Sí, dime.

—No, personalmente, tú y ella.

—O sea… ¿Cómo?

—Sí, tú y ella, sin mí. Quiere hablar directamente contigo.

—¿Y cómo es eso? —le pregunté intrigada.

—Tienes que ir a donde ella está.

—¿Cómo? ¿Me tengo que ir por el túnel como aquella vez que me llevó?

—No, no es por ahí, esto es diferente, es un contacto, es en otro lado.

—¿Un contacto? O sea, cómo… ¿Cómo lo haríamos?

—Primero tienes que hacer una dieta blanda por dos días, no fumar ni tomar alcohol, no comer carne roja, y tienes que vestir ropa clara. Tiene que ser en la mañana, temprano, porque tienes que estar en ayunas. Ah, también tienes que evitar las tensiones.

—Puedo con todo eso sin problema, y trataré de no estar preocupada por algo. ¿Y luego?

—Luego te vas a recostar, te voy a dar instrucciones como por cuarenta y cinco minutos, y luego ya te vas, ustedes platican todo lo que tengan que platicar.

Me lo decía de una manera tan natural, como si me dijera "te voy a llevar a tal lugar para que te tomes un café con tu amiga que quiere platicar contigo, y al rato paso por ti".

Me mantuve pensativa por un momento, tratando de entender de lo que se trataba. Imaginaba que Georgette me iba a recostar, iba a dar instrucciones para relajarme y luego iba a sacar mi alma de mi cuerpo, como un desdoblamiento, luego viajaría a donde Selena estaba, o a lo mejor la propia Selena me llevaría. Era como cruzar la línea entre la vida y la muerte y pasar a otro plano o dimensión, o como se llame. Se trataba de ir al mundo de Selena. La verdad, sentí miedo.

—¿Selena quiere que yo haga eso? —pregunté con cierta preocupación.

—Sí —me contestó con toda la naturalidad del mundo.

—¿Y por qué mejor no lo hacemos por el túnel? Al fin que ése ya lo conozco, ahí ya sé cómo está la onda —esperaba que me dijera que esa era otra posibilidad para platicar con Selena.

—No, no se puede así, tiene que ser como te digo.

Yo no estaba muy convencida de querer hacer eso, es más, hasta creo que definitivamente me hubiese negado, pero en mi lucha interna por tratar de entender la situación pensaba en Selena. Ella quería que yo hiciera eso, seguramente tendría sus razones, y me preguntaba de qué querría hablar conmigo "personalmente" y no a través de Georgette. Seguro tendría que ser algo muy importante.

Pensando en darle gusto a Selena, le dije a Georgette que lo haría. Inmediatamente su expresión de incertidumbre se tornó en una sonrisa de satisfacción y me dijo: "Va a estar muy padre, vas a ver".

Aunque ya había aceptado, la verdad es que me fui no muy convencida de que realmente lo haría.

Georgette me dijo que haríamos el "contacto" el mes siguiente, cuando ella regresara de nuevo a Monterrey; eso me dio la oportunidad de darle vueltas al asunto en mi cabeza y poco a poco mis miedos empezaron a ceder, y la idea de viajar a donde estaba Selena ya no me parecía tan descabellada.

Ya veía las cosas de manera diferente. Para empezar, comprendí que como ser humano ésta sería una experiencia de vida única y totalmente maravillosa.

Pensaba en que era precisamente Selena quien quería que hiciera ese viaje, estando con ella nada malo me podía suceder, ella me cuidaría; por otra parte, sería guiada por Georgette, una persona que posee el don de comunicarse con los espíritus de las personas ya fallecidas y no sólo eso, es experta también en viajes astrales y en los procedimientos para entrar y salir de ese mundo paralelo que ahora tengo la certeza de que existe, y al que ella ha entrado y salido en innumerables ocasiones.

Los días pasaban y yo sólo pensaba en que cada vez faltaba menos. Una semana antes Georgette me avisó que haríamos el contacto el lunes 13 de julio a las 7:00 hrs. "Llegas unos diez minutos antes", me pidió.

Mi dieta la tendría que empezar dos días antes, por lo que el sábado y el domingo antes mi alimentación se basó solamente en platillos a base de verduras y, entre comidas, sólo ingerí algunas frutas. A diferencia de otros fines de semana, esos dos días me fui temprano a la cama, realmente fue un fin de semana muy saludable, quería sentirme lo mejor posible física y emocionalmente.

Mientras llegaba el día, constantemente pensaba en lo que iba a suceder, en lo que sentiría, qué tan difícil o fácil sería, etcétera.

Por fin llegó el lunes 13 de julio, y me reuní a las siete de la mañana con Georgette. Me sentía tranquila y muy segura de querer hacerlo.

Georgette me explicó un poco cómo sería esto, también me dijo que si yo no podía hacerlo, Selena me pedía que no me sintiera mal por ello, que ella sabía que para mi era muy fácil distraerme con cualquier cosa y podía perder la concentración, si esto sucedía no debía preocuparme, lo volveríamos a intentar.

En cierta forma ese comentario me tranquilizó, dejé de sentirme presionada para hacerlo en ese momento, aunque yo quería que todo saliera muy bien, también quería verla.

Georgette me pidió que me acostara en un colchón que previamente colocó en el piso y me indicó que hiciera varios ejercicios de respiración para iniciar el proceso de relajación. Poco a poco mi cuerpo se fue soltando hasta que me sentí totalmente cómoda y relajada con cada una de las partes de mi cuerpo.

Después empezó a guiarme, me dijo que me situara en un bosque y me imaginara acostada en un río, con el agua cubriendo la totalidad de mi cuerpo a excepción de la cara; me dijo que sentiría mi cuerpo moverse como si el agua me meciera y, efectivamente, así fue. Tenía la sensación de que mis brazos se mecían con el agua.

Sentí una especie de hormigueo por todo mi cuerpo y Georgette me pidió que me situara al pie de una escalera en forma de caracol y empezara a subir hasta llegar al último escalón; en seguida vería sólo oscuridad.

Sólo subí los primeros escalones, ni siquiera alcancé a completar una de las vueltas del caracol, ahí me detuve. Veía que la escalera seguía pero yo ya no avanzaba, no sé porqué.

Georgette seguía con las indicaciones hasta que me preguntó si había visto la oscuridad. Respondí que no, esperó un momento y me volvió a preguntar, le volví a decir que no, entonces me regresó por la misma escalera y me pidió, por último, que realizara unos ejercicios de respiración para volver a mi normalidad.

Cuando me pidió que abriera mis ojos me sentía un poco mareada, pero en un instante pude incorporarme. Físicamente me sentía bien, aunque con cierta frustración por no haber visto a Selena.

Le pedí a Georgette que lo volviéramos a intentar, yo sentía que podía lograrlo aunque no me explicaba porqué no había podido avanzar en la escalera, tal vez debido a que era la primera vez que experimentaba algo como esto y en mi interior existía cierto temor a lo desconocido.

Georgette me dijo que lo podíamos intentar de nuevo al siguiente mes. Quiso saber si yo quería preguntarle algo a Selena, le respondí que nada en especial, pero que seguramente en cuanto nos viéramos le preguntaría muchas cosas. Georgette me dijo que Selena me diría las razones por las que quería que nos "reuniéramos".

Primero quiere que sepas que en todo este tiempo en que intentaste contactarla ella estuvo aquí contigo, y que ella quería "verte", primero para despedirse de ti, porque hay varias personas de las que no pudo despedirse y tú eres una de ellas.

Además de eso, también quería hablar contigo para pedirte un favor muy grande. Selena quiere que le digas a Chris que ella cometió un gran error, que ahora se da cuenta de que se equivocó porque nunca luchó por darle su lugar ante su familia y siempre permitió que lo hicieran a un lado.

Cristy, Selena me pide que te diga que es muy importante para ella que cuando tú estés escribiendo hagas una aclaración importante, y ésta es que ella siempre deseó, quiso marcar muchos límites con su familia para que Chris, su esposo, se sintiera completamente dentro de su vida, en su vida, y aunque él lo sabía, ella hubiera querido decírselo de viva voz, que él sintiera que ya se había marcado un límite y que ella habría podido poner reglas, por lo menos.

Ella quería que Chris estuviera consciente de que no había nada más importante para ella que él, desafortunadamente no le dio tiempo de hacerlo, pero era algo que quería enmendar en cuanto tuviera oportunidad. Fue por falta de tiempo y no porque no quisiera o porque no lo amara, no fue porque ella no lo hubiera querido hacer, simplemente fue por temor a lo que pudiera suceder con su padre, con su familia, pero principalmente con su padre, al imponerse ante él para que se hiciera lo que ella quería, de la forma como ella quería y se respetaran sus decisiones.

Es de vital importancia que la gente sepa, y sobretodo él (Chris), que ella iba a hacer modificaciones importantes que le iban a permitir estar completamente tranquila e integrada con su esposo mientras que su vida seguía, estando tú como brazo derecho de ella, para poder hacer que todas esas cosas que en algún momento se le habían salido de las manos... más bien de las que nunca tuvo control, iban a pasar a ser lo más importante, y sobretodo quería tener una vida tranquila, feliz y plena con Chris, sin que nadie se metiera con él, dándole el lugar y el respeto que él merecía.

Yo escuchaba muy atenta el mensaje y entendí lo importante que era para Selena que pudiéramos "reunirnos", era algo tan personal y tan íntimo que creo que por eso prefería decírmelo directamente, quería asegurarse de que yo lo comprendiera tal cual, sin dudas, para transmitírselo a Chris exactamente como ella quería; y aunque el mensaje fue a través de Georgette lo comprendí perfectamente bien, estaba más que claro.

Selena está enmendando el error que cometió en vida y desea que toda la gente se entere del lugar que Chris ocupaba y sigue ocupando en su vida, principalmente para que todas aquellas personas que lo veían como poca cosa a su lado sepan lo valioso que él era para ella, le duela a quien le duela.

Para mí esto sólo fue la reconfirmación de lo que ya sabía, y que de hecho me había quedado más claro durante nuestra última conversación, el día en que la vi por última vez con vida; su amor por Chris, su anhelado deseo de libertad total para lograr esa tranquilidad que ambos ansiaban, tan necesaria en sus vidas para realizar su sueño de formar una familia de verdad con la llegada de su primer hijo.

Selena no tuvo tiempo para decirme todo lo que estaba pasando, y aún después de su muerte quiso seguir con lo que dejó inconcluso, prácticamente yo fui la última persona en quien ella quiso apoyarse para resolver las situaciones por las que pasaba con todas estas personas que le hicieron tanto daño a su memoria. Afortunadamente, con nuestra última conversación me quedó claro lo que ella quería para su futuro, que distaba mucho de lo que estas personas decían.

Ahora sé que desde el inicio de su nueva vida hizo hasta lo imposible para comunicarse conmigo, me doy cuenta de que me envió cualquier cantidad de señales para decirme que aquí estaba, pero yo, en mi ignorancia, no les di la importancia que ella requería; debe haber sido muy desesperante para ella que yo no la percibiera, y pienso que seguramente también ha tratado de comunicarse con su familia y con Chris sin que ellos se den cuenta.

Todo esto que ahora sucede me hace sentir aún más orgullosa de ella, afortunadamente esa tenacidad que la caracterizó en vida continuó tras su muerte, y no se rindió. Tuvieron que pasar trece años para que pudiera encontrar a una persona especial, como la doctora Georgette Rivera, para situarla en mi camino e iniciar ese proceso de preparación para construir el puente de comunicación entre nuestro mundo real y el mundo espiritual en el que ahora ella se encuentra, con el cual coexistimos sin que nos demos cuenta.

Seguramente tardó tanto tiempo para no cometer un error y elegir con plena seguridad a la persona capaz de doblegar cualquier escepticismo latente en mi naturaleza como ser humano, abriendo mi mente y mi corazón a un mundo paralelo que bien pudiera parecer de ficción, pero ahora que tengo el conocimiento sé que definitivamente existe, que es una realidad, y no sólo eso, es una realidad que se entremezcla con todo aquello que compone nuestro mundo, en el que podemos percibir, ver, tocar, oler, probar, escuchar o sentir.

Para mí todo esto ha sido un descubrimiento maravilloso y fascinante a la vez, y más sorprendente aún que un sentimiento como el de la amistad pueda traspasar esa línea entre la vida y la muerte, a veces lo pienso y todavía me parece tan increíble que esto sea posible.

Ahora entiendo también la importancia de irnos de esta vida sin dejar pendientes, y lo veo claramente en la perseverancia de Selena para hacerle saber a Chris lo que no alcanzó a decirle en vida: que él era lo más importante para ella.

Gracias a personas como Georgette, a quien Dios ha bendecido con dones especiales, es posible que podamos comunicarnos de manera más directa con los espíritus de nuestros seres queridos, y gracias a esa comunicación Selena está tratando de resolver y finiquitar las cosas que dejó pendientes.

Me doy cuenta también de que Selena sigue manteniendo la esencia de su personalidad como cuando habitaba nuestro mundo, sigue siendo la misma, y es por ello que puedo entender el enorme esfuerzo que ha realizado durante todos estos años para hacerse presente y darnos a conocer que no está dispuesta a permitir más mentiras y falsedades, tal y como lo habría hecho si esa bala no le hubiese arrebatado la vida.

Y Yolanda Saldívar, la responsable de la muerte de Selena, sabrá que ya no puede seguir mintiendo, ni a ella misma, ni a su familia, ni al público, porque Selena está aquí y, de una u otra forma, no se lo va a permitir, como nunca en vida se lo hubiera permitido, ni a ella, ni a nadie.

Creo que cada persona cercana a Selena debe tener su propia historia de lo que pudo haber hecho para evitar su muerte, y en quien más pienso es en Chris y en todo lo que pudo pasar por su mente aquel fatídico día.

En innumerables ocasiones me pregunté si realmente Selena tenía que morir. Cuando viví mi primer viaje astral en el que me "reuní" con ella y le pregunté por qué había pasado eso, ella me contestó: "Así tenía que ser". Desde ese momento tuve que empezar a entender que así tenía que ser y que ese era su momento, aunque ha sido muy difícil aceptarlo y más aún, superarlo.

Pero ahora aquí está para decirnos todo eso que no pudo en vida, y también para comunicarnos su sentir desde el mundo donde ahora vive. Entre esas cosas que quiere expresar, Selena me pide que les haga saber el enorme agradecimiento que siente hacia todos los pintores, meseros, *baby sitters*, amas de casa, cocineros y cocineras, lavaplatos, choferes, personas que trabajan en las plantaciones, *housekeeping*, dependientes de tiendas de discos y a toda la gente que estuvo con ella.

También les pide que luchen por su sueño, que ella está en cada una de estas personas, que todos los trabajos son dignos, que la única diferencia entre sus trabajos y lo que ella hacía es que tenía un escenario para realizarlo; hay miles de personas que todos los días reciben su trabajo y lo aprecian y lo valoran, en el momento en que aprecien su trabajo la oportunidad les va a llegar.

Quiero agradecer —dice Selena— también especialmente a todos los presos, a los hombres y mujeres que están en la cárcel, a aquellos a los que por alimentar a su familia tuvieron que robar un pedazo de pan, y a aquellos que buscaron el sueño americano y no lo lograron, y ahora están en la cárcel, a ellos también quiero agradecerles.

Después de todas las cosas tan fascinantes y maravillosas que he vivido desde que sé que Selena está aquí, decidí terminar este libro con el mensaje que recibí de Selena a través de la doctora Georgette Rivera el martes 14 de julio del 2009, a las 11:45 hrs. Lo hago con todo mi cariño hacia Selena porque creo que estas palabras reflejan en gran medida lo que su corazón guardó y ha seguido guardando durante todos estos años, en una maravillosa lección de vida después de su muerte. Ahora estoy totalmente segura de que al darse a conocer le dará una gran tranquilidad a su espíritu, aunque para algunas personas en la vida terrenal esto signifique una verdadera intranquilidad, para lo cual yo tendré que enfrentar una pequeña turbulencia en mi vida; lo haré con gusto y con entereza porque Selena me ha hecho saber lo que sucederá, y también me ha hecho saber que siempre estará conmigo en todo este proceso y en el resto de mi vida.

El mensaje es el siguiente:

Algo dentro de mí estaba con intranquilidad, con angustia, tenía mucha prisa por verte y decirte todo lo que me estaba pasando porque tú me escuchabas y no necesitábamos pala-

bras, me escuchabas de adentro, y simplemente por el rostro que yo tenía en algún momento tu sabías lo que necesitaba. Agradezco mucho la forma en la que tú lo escribiste o cómo lo describiste, y creo que es la mejor forma. Te quiero mucho...

SELENA

***

Ya para concluir el libro, llegó un último mensaje de Selena para la autora, a través de Georgette Rivera.

No hay palabras para agradecer el tiempo que dedicaste a trabajar conmigo nuevamente, yo habría hecho lo mismo por ti y sé que de eso no tienes duda. Hubo momentos en los que pensé en el agotamiento que tenías por tantos desvelos, sin embargo siempre he sabido que no pasa nada si trabajas hasta muy noche, pero valdrá la pena.

Quiero que después de todo esto te duermas sin sentir culpa por no haberme visto o llamado antes de morir, pero, ¿acaso no hemos trabajado juntas?, ¿no ha sido así? Recuerdo perfectamente tu cara en el momento en que entre en contacto contigo, dudaste, recapacitaste y después no lo podías terminar de creer, en el fondo siempre supiste que yo no era de esas personas que se van sin despedirse y eso te consta.

Sé que extrañas aquellas largas charlas en las que no importaba el tiempo sino la compañía y aquellas grandes carcajadas que soltabas después de que yo te hacía una que otra; tú siempre sabías cómo devolverla... Por esta razón, quise regresar a decirte todo lo que ahora sabes, pues para algunas personas esto habría sido imposible, me habría costado más tiempo poder mostrarles que se trataba de mí y no de un fantasma cualquiera o de un sueño muy perturbador, tú hiciste todo lo que se requiere, ir hasta el fondo, no dejar cabos sueltos, siempre has sido de fiar, cuando algo no termina de convencerte es que ahí no es y tú tuviste todo el cuidado de que no fuera algo que afectara mi imagen, misma que sigues cuidando hasta el día de hoy.

Ahora sabes que estoy ahí, que sigo presente, como tú lo deseabas después de mi muerte, que aunque te estremecieras pudieras verme para que te contara lo que en casi tres ocasiones no pude hacer, era muy sencillo, lo que quería decirte era lo siguiente:

Quiero que vengas a trabajar conmigo, sé que no será fácil pero dado el respeto que tú le tienes a mi padre me ayudarás a que él me deje tener más espacio para Chris y para mí, para planificar una familia, no quiero que mi matrimonio se vea afectado por no tomar las decisiones correctas, ya mucho tiempo he dejado que lo que en realidad disfruto hacer se quede para después. Necesito espacio para crear mis diseños, ir a Europa y ver las nuevas tendencias y que me acompañes en esta nueva aventura, Yolanda ya no estará cerca de mí, y necesito alguien de toda mi confianza que pueda estar cerca de mis agendas de trabajo, de mis necesidades personales y de los espacios que necesito para poder respirar, tú eres la persona indicada, vente en cuanto puedas, termina tu gira con Bronco y vente a Corpus a trabajar...

Por supuesto que esto no habría dicho así, pues me hubieras interrumpido varias veces y la primera pregunta habría sido: "¿Ya se lo comentaste a tu papá?" Yo te habría dicho que no, pero estoy segura de que te habría convencido y sabes que es cierto. Las demás preguntas también las sé, y te habría convencido de todo, pero por ahora solo puedo decirte que lo que no enfrentamos juntas lo harás tú y yo estaré ahí en todo momento.

Te quiero mucho y recuerda, si pierdes un reloj, eso es lo de menos, lo importante es saber qué hacer con tu tiempo, y tú ya me concediste muchas horas del tuyo.

SELENA

NOV 1 0 2010 WI

WI 3/8/12 permal

Este libro se terminó de imprimir en el mes de
febrero de 2010, en Edamsa Impresiones S.A. de C.V.
Av. Hidalgo No. 111, Col. Fracc. San Nicolás Tolentino C.P. 09850,
Del. Iztapalapa, México, D.F.